李书记新玉先生雅正

张隆[illegible]
2013.9

群言出版社
Qunyan Press
·北京·

字言字语

ZI YAN ZI YU

张传玖 著

图书在版编目（CIP）数据

字言字语 / 张传玖著 .— 北京：群言出版社，2013.8

ISBN 978-7-80256-472-5

Ⅰ. ①字… Ⅱ. ①张… Ⅲ. ①汉字—研究 Ⅳ. ① H12

中国版本图书馆 CIP 数据核字（2013）第 184900 号

出 版 人　范　芳
责任编辑　张津津
封面设计　群言艺术中心

出版发行　群言出版社（Qunyan Press）
地　　址　北京市东城区东厂胡同北巷 1 号（100006）
网　　站　www.qypublish.com
电子信箱　qunyancbs@126.com
总 编 办　010-65265404　65138815
发 行 部　010-65263345　65220236
经　　销　全国新华书店
读者服务　010-65276609　65262436
法律顾问　北京市国联律师事务所

印　　刷　北京画中画印刷有限公司
版　　次　2013 年 9 月第 1 版　2013 年 9 月第 1 次印刷
开　　本　880 × 1230　　1/32
印　　张　8.75
字　　数　180 千字
书　　号　ISBN 978-7-80256-472-5
定　　价　28.00 元

前 言

让传统文化温润现代心灵

以儒家为核心的传统文化一直是中国人的思想正统，两千多年来，统治王朝虽屡为更迭，而文化传承始终为一，但这种不变到了清末遭遇了突变：大清帝国被强大的外族打垮，内忧外患，知识界开始了深刻的反思、检讨、对照，得出的结论是：中华文化落后，导致国力不强，亡国必然。所以，要重振国威，必先铲除传统文化，非“西化”不可！于是，清末以降，传统文化大面积地快速地西化，以“五四”新文化运动为标志，“打倒孔家店”，请进德先生、赛先生（即民主与科学）成为上层知识分子的主流意识，并一发不可收拾，贻害至今。

一

毁灭性的事件俯拾皆是，举其大者一二。

清末：科举被迫废除，西学快速东进……

民国时期：废除了精练典雅的文言文，代之以口语化的白话文；废除了始于夏朝的夏历纪年方法，采用西方历法；废除传统中医，代之以西医（后虽未得逞，但对中医伤害极大）……

20世纪50年代以来有过之无不及：彻底否定传统文化，如“破四旧”、长达十年的“文革”，中华千年古文明惨遭腰斩、元气大伤；大面积、深度焚毁千年文明遗存；废除了自秦代规范确立的正体汉字，代之以过度简化、合并的简化字……

然百多年来，“西化”的结果并不尽如人意：优秀的传统丢弃了，引进的“西药”副作用也极大。环顾我们的四周，很多人满脑子都是西方的东西，思想上对西方过度臣服、盲目崇拜，片面认为只有一种知识是正确的——西方科学，只有一种人文思想是可以接受的——西方文化，只有一种发展模式是可行的——西方工业化。中国传统文化出现了严重的断层，从某种程度上说，整个国家陷入了没有核心价值、没有文化信仰的危机，导致国人道德准则严重缺失，人生意义上没有了共同的、终极的人文关怀。

文化不是简单的盲从、崇拜、迷信，而是人的终极的人文归宿，有形无形中影响决定着一个人、一个国家的发展方式与发展方向。发达国家所以发达，离不开两点：一是完备的民主法制，另一个是深入灵魂的文化与宗教信仰（主要是基督教）；一个管肉体，一个管灵魂，二者相辅相成，缺一不可。而我们多年来的宣传，强调的只是它的科技与法制，将西方的“上帝”一概斥之为迷信。美国的国力世界第一，美国人把身体交给法制政府，同时把心灵托付给万能的上帝，总统、科学家、普通国民鲜有无信仰的（总统就职总是手按《圣经》，并说“上帝保佑美国”），这妨碍他们发展与进步了吗?

另一方面，对待西方文化，我们看到的往往是它表面强势的一面，如富足的物质生活、科技带来的便捷与舒适等。其实宏观而言，西方文化的劣势与它的优势一样明显：“万能的科学”由于不讲伦理道德，是不负责任的，越来越充满危险，导致人与自然日益疏远；“技术”让人类变成机器的奴隶，人越来越依赖机器活着，越来越远离身心，人与人越来越隔阂（放在人类历史更长时间段内考察，科技是一把双刃剑，科学的发现往往是顺应自然的结果，但科学的应用却往往在反自然，这是一个悖论，也是人类的悲剧——科学确实让我们的生活更快捷、更舒适，但科学并没有让我们更幸福，古往今来，幸福与否与高科技无关）；大规模工业生产、高消费生活模式正慢慢摧毁人类赖以生存的自然基础，诱惑着人类热衷于眼前肤浅的舒适与便捷的生活，抛却了更深层次的幸福追求；民主人权过分偏袒个人自由，往往置社会正义于不顾，如枪支泛滥、信仰危机（今日中国社会道德滑坡与抛弃传统文化导致没有信仰有关，与西方不同）、以保护人权为幌子发动战争等。当今世界的诸多乱象如环境污染、生态失衡、资源过度消耗、精神空虚、心灵孤寂、各种心理疾病、低俗与“快餐”文化大行其道、文化过度趋同等等，都与西方文化息息相关，而其自身并不能很好地解决这些问题。要命的是，这种不可弥补的缺陷正随其经济全球化的脚步肆意蔓延，难以阻挡。

二

仁义礼智信、忠孝勤俭廉，中国传统文化究竟有什么用？能当饭吃？能当饭吃！中国传统文化着重于丰富人的精神世界，提升人的气质、素养、品位，协调人与自然、人与人、人自身的关系，能时时处处给自己以身心和谐、给他人以道德关爱、给自然以人文敬畏，最终提升人的生命质量——长期而言，这样的人必定是幸福的人，这样的社会必定是和谐的社会，而幸福、和谐不正是我们所追求的吗？这就是中国传统文化无用之大用。所谓厚德载物，财富必须用文化来承载，只有文化才能够保证一个人、一个国家长久地拥有财富。

庄子曰："人皆知有用之用，而莫知无用之用也。"试想，如果我们的记忆中没有历史，思考中没有哲理，生活中没有道德，心灵中没有诗意，将会是一幅什么样的情景？长远地看，人的发展会不会变成无本之木、无源之水？会不会因为缺失人文关怀而成为"空心人"？终极的人文归宿又在何处？

有人说现在都 21 世纪了，科技发达，经济富足，古人的东西是属于人类蒙昧时期的低级创造，无知、迷信、落后，早过时了！其实不然，不管时代怎么变化、科技怎么发达，自古至今，人吃的是人间的米，讲的是人间的理，走的是人间的道，爱的是人间的情——人心、人性是不变的。黄帝、文王、周公、孔孟、老庄……古圣先贤虽然生活在千年之前，但他们讲述的是亘古不变的大道，对宇宙人生的把握至深至弘，具有跨越时空的永恒魅力，其思想的光辉一直照耀着我们前行，今天，我们的思维方式并没有突破前贤，思想高度也没有超越他们，知今宜鉴古，无古不成今。

现在一提传统文化，有人只联想到道德层面的仁义廉耻之类，中国传统文化绝不只是这些，自古以来，传统文化都在指导生产生活，同时也是日常生活的组成部分，传统的中医、建筑、农学、饮食、航海、艺术等等，至今仍在闪烁着智慧的光芒。有人说中国传统文化有糟粕，但世界上哪一种文化没有糟粕？没有哪一种文化绝对干净，这得看这个文化的主体、主流，就如同看待一个人，不能因为他有一点点缺点就全盘否定这个人。另一方面，经过西方文化的洗礼，我们习惯于戴上西方文化的有色眼镜审视中国传统文化，比如如何对待中医的态度就是一个例证，这并不正确。

我从哪里来？我是谁？中国传统文化是中国人的标志。生为中国人，文化心理上，我们应该学习西方文化的长处，但大前提是先传承好祖先的文化遗产，不能数典忘祖。文化是一个民族创造力的源泉，一个有文化自信的民族，必定是一个创造力较强的民族，也更容易赢得其他民族的尊重、亲近和支持，而一个自卑的民族就不会尊重自己的文化，一个精神上“无根”的民族也就不会有与其大国地位相称的“软实力”。从这个意义上说，传承中华传统文化时不待我，众人拾柴火焰高，每个人都有责任、有义务添砖加瓦，我们不做，谁来做？现在不做，什么时候做？

《字言字语》正是在这样的背景下诞生的。

自 序

透过汉字看中国

汉字是世界上最古老的文字之一，已有六千年左右的历史，现存最古老可识别的是三千多年前殷商的甲骨文。根据目前掌握的史料，演进历史大体经历了甲骨文、金文、小篆（三者统称古文字）、隶书的过程（详见附录），发展至汉朝被称为汉字，汉末魏晋楷化定型为今日所用的楷书。几千年来，汉字记载了中华民族悠久的历史、灿烂的文化，极大地推动了人类文明的进步，具有独特的文化魅力，为世界文字史所仅见。

作为运载中华文化的工具，汉字属于表意文字，形、音、义合一，每一个字都有她特定的人文意蕴，高超地体现了中华民族智慧的先祖对宇宙人生的感悟，至今还流淌着古圣先贤文化心理的潜流。汉字究竟美在何处？其中隐藏着什么样的人文密码？

2009 年 2 月～ 2010 年 3 月，我在中国国土资源报社稷坛副刊开设了《字言字语》专栏，共选取解读了五十一个文化意蕴较为丰富或曰比较有说头的汉字，和读者一起感悟先祖的深刻，透过一个个静态的汉字体悟古人动态的文化生活，读出先祖希冀传承给子孙的人生哲理。《字言字语》专栏每周一期，每期解译一字（或一词）。对每个字尽量考证其从甲骨文、金文、小篆的流变（同一个汉字，其甲骨文、金文、小篆的写法均可能有几种，每种字体原则上只选取专家意见较为一致、有代表性的一种或两种），重点剖析蕴涵在字中的人情物理和隐藏其中的丰富文化意蕴，希望通过以点带面的方式达到管中窥豹、略见一斑的效果，串起汉字的魅力珠玑，从而多侧面、多视角地阐释和展示中华传统文化的大美。

《字言字语》专栏结束后，愧对先祖的感觉每每萦绕心头，这其中既有对当时解读的不满意，而更多的是挂一漏万的遗珠之憾。此后，便陆续对原文的不满意之处进行了大面积的修改完善，又在原有基础上补充解读了二十七个汉字，合起来就是七十八篇小文章，如此，算是对先祖有了一个交代。

承蒙群言出版社的厚爱，现在结集出版了——于我自己，是一个重要的人文总结；对我的家庭，是一份独特的文化遗产；在这个基础上，如果为读者认可，甚至能为这个社会提供一点正能量，那则是意想之外的收获。

百善孝为先，《字言字语》就从“孝”字开始。

目录

岁时·节令篇

附录

伦常·思辨

百善孝为先

人生一世，什么最宝贵？生命！生命从何而来？得自父母！父母不仅给我们生命，还含辛茹苦把我们培养成人。生为人子，该如何报答父母的养育之恩？古圣先贤只说了一个字：孝！

“孝”字从“老”、从“子”，意为子女背着父母，即子女要赡养老人；另一层含义是老人把人生智慧传承给子女时，子女能顺父母意并承其业。金文“孝”字似老人把手放在孩子囟门之上，表义明显；小篆和金文差不多，但线条化、整齐化（“孝”字有无甲骨文，或曰对“孝”字甲骨文的识读专家意见分歧，本文从略）。

人的生命得自父母，子女之身就是父母的分身，但生命得之何其不易，茁壮成人父母要付出多少心血。《诗经·蓼莪（音陆俄）》曰：“父兮生我，母兮鞠我，拊我畜我，长我育我，顾我复我，出入腹我，欲报之德，昊天罔极。”父母双亲啊！你们生我养我，抚

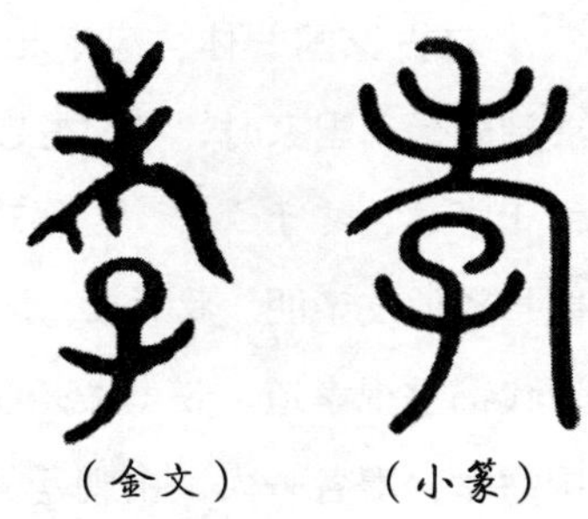

（金文）（小篆）

爱我疼爱我，让我成长培育我，不厌其烦地照顾我，出入都怀抱着我，想要报答你们的养育之恩，而你们的恩德就像天一样浩瀚无边，怎么能报答完呢！字字句句，道尽了人间父母的无私大爱，所以孝敬父母乃人伦道德第一桩，不孝父母就失去了做人的根本。《孝经》云："夫孝，德之本也，教之所由生也。"《论语》亦云："孝弟也者，其为仁之本与！"

所谓孝顺、孝敬，孝养父母，没有一定的形式，也与贫富无关。"德有伤，贻亲羞"，我们是否时时以德润身，严于律己，不做不仁、不义、无信、无礼之事？父母交代的事情，可曾尽心尽力办好？出门在外，是否能照顾好自己不让父母为我们的生活与健康担忧？小时候父母把最好的食物留给我们，现在父母老了，家里最好的食物是否记得请父母先吃？父母的年龄、生日是否清楚？父母有病时，能不能尽力侍奉，想方设法减少他们的病痛？"父母在，不远游，游必有方"，已经多长时间没带爱人、子女回去探视双亲了？能否保证每周打个电话和父母拉拉家常？小时候，父母常拉着我们的手，在父母身边的日子，能不能拉着双亲的手和颜悦色地聆听他们唠叨……

自古家国一体、忠孝相连，当一个人将对父母的孝顺之情扩展到朝廷、国家时，孝便是忠，故《孝经》云：“夫孝，始于事亲，中于事君，终于立身。”很难想象，一个连父母都不仁不孝的人，能指望他友亲朋、爱师长、尊领导进而爱社会与国家吗？正是因此，历代都重视孝道。举孝廉是汉代培养官吏的一种方法，一开始郡、国举孝、廉各一人，由朝廷任命官职，后孝、廉合二为一。被举孝廉者，除博学多才，更须孝顺父母，行为清廉，故称孝廉。汉末曹操就是孝廉出身。

说到孝，不能不提湖北省孝感市，这是一个因孝得名的城市。南朝宋孝建元年（454 年），因当地孝子昌盛，行孝感天动地，遂置县名“孝昌”；后唐同光二年（924 年），庄宗李存勖因“昌”字犯了其祖父名讳，改孝昌为孝感，沿用至今。元人郭居敬曾辑录自上古至唐宋二十四个孝亲故事，编成《二十四孝》，孝感一地就有董永卖身葬父、黄香扇衾温被和孟宗哭竹生笋等三个孝亲典故，可谓名副其实。

羊有跪乳之恩，小羊跪着吃奶，不忘母亲的养育之恩；鸦有反哺之义，小乌鸦长大后反过来喂养不能觅食的老乌鸦，以报答父母的养育之恩。这就是乌鸦反哺、羊羔跪乳的故事。动物尚且懂得感恩，何况我们情感丰富的人！孝不分贫富贵贱，愿天下子女及时把握行孝的机会，让生命的光辉延绵不尽，切莫等到“树欲静而风不止，子欲养而亲不待”时悲恸后悔。

首孝弟，次见闻

四海之内皆兄弟也；兄弟虽有小忿，不废懿亲；落地为兄弟，何必骨肉情；度尽劫波兄弟在，相逢一笑泯恩仇；打虎亲兄弟，上阵父子兵……“兄弟”，人世间好一个亲切的称呼！亲切何来？且看“弟”字何来。

“弟”是一个会意字，甲骨文、金文字形像绳索围绕于“弋”（竖立有杈的短木桩）。绳索捆束木桩，就出现一圈一圈的“次第”，故“弟”的本意就是次第、顺序。因兄弟依次出生，“弟”引申为平辈中年龄比自己小的男子，由此再引申为敬爱、尊重、顺从兄长的弟（音替，后世儒家加“忄”为“悌”）。

兄弟之间手足情深，如果不能“兄友弟恭”，必定家庭不睦，

（甲骨文）　　（金文）　　（小篆）

一事难成。《论语》说：“君子敬而无失，与人恭而有礼，四海之内皆兄弟也。”意思是说，对人能持久地敬重而又没有过失，待人谦恭有礼，天下的人都是自己的兄弟。一个人有了这样的品德，就有了一个和谐的人际环境，你所在的团队就会充满活力，事业也会蓬勃发展。

南朝梁吴钧的《续齐谐记》记载了这样一个典故：南朝时，京兆尹田真、田庆、田广三兄弟分家，当家里的财产都分置妥当时，发现院子里还有一株枝叶扶疏、花团锦簇的紫荆花树不好处理。当晚，三兄弟商量将紫荆花树截为三段，每人分一段。第二天清早，兄弟三人前去砍树时，发现昨晚还好好的紫荆花树枝叶枯萎、花朵凋落。田真见此状对两个兄弟感叹道：“人不如木也。”面对此情此景，兄弟三人决定不再分家，和睦相处。奇怪的是，那株紫荆花树好像颇通人性，随之又恢复生机，再一次花繁叶茂。

弟与孝通常并称为孝弟。孝弟之道是人类的原初情感，是做人的根本。一个人有孝弟之心，才有仁慈善良之心、舍己利他之心、奉献社会之心。社会和谐最终必须建立在人人有德、人人守道的基础之上，而人人孝弟不啻为其根本所在。如果连做人的根本都忘了，还怎么能成为人？故《三字经》曰："首孝弟，次见闻"，意思是说孩童为学读书首先要学怎样孝顺父母、尊敬兄长，然后再学文化知识，即人首先是立德，其次才是学知识技能，而立德又以"孝弟"为本。

可见，传统的孝弟教育不是教条，而是培养人性光辉的起点。所以，儒家把孝弟看作是实行"仁"的根本条件。《论语》云："其为人也孝弟，而好犯上者鲜矣。不好犯上，而好作乱者，未之有也。君子务本，本立而道生。孝弟也者，其为仁之本与。"一个孝敬长辈、友爱兄弟的人，不大可能去做坏人坏事。孟子说："天下之本在国，国之本在家，家之本在身。"要做一个德才兼备、有益于社会的人，就必须从孝敬父母、友爱兄弟做起。再推而广之，从爱父母、爱兄弟姐妹升华到爱他人、爱民族、爱国家，以培养良好的团队精神和爱国情怀，这才是孝弟的当代意义，也是孝弟的永恒要义。

仁者爱人

中国传统文化的主体是儒家思想，儒家的集大成者是孔子，孔学的核心是“仁”。何为仁？这要从“仁”字解字说文。

“仁”是个会意字，因古文字的写法不同而意会有别，一般认为从“人”从“二”，本意是亲爱——亲爱是人类的事，故从“人”；亲爱至少是双方的事，故从“二”。

仁是古代中国的一种伦理观念。孔子之前，一般把尊亲敬长、爱及民众、忠于君主和仪文美德都称为仁。孔子继承了前人的观念，把整体的道德规范集于一体，形成了以“仁”为核心的伦理思想体系，使“仁”发展成为最高的道德原则、道德标准和道德境界。

那么，究竟什么是仁呢？有一天，学生樊迟问了老先生这个问题，先生回答了两个字：“爱人”，简单得就像太阳之光、海洋之水，但却十分温暖、惬意。用今天的话来说，仁就是对于他人基本的同情心和关爱之情。

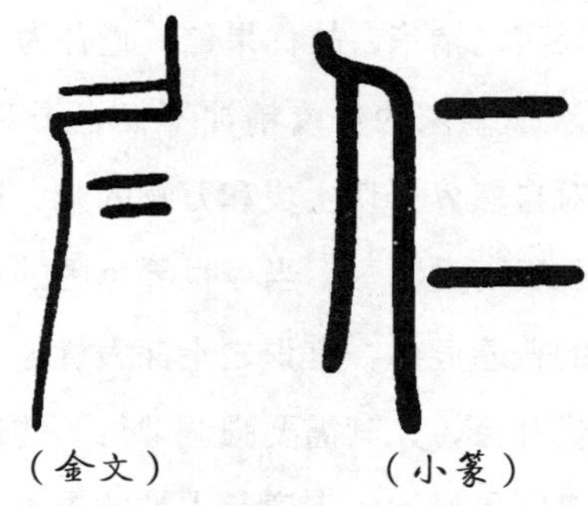

（金文）　（小篆）

泛而言之，仁是儒家的一种含义极广的道德范畴，指的是至大至善之道德，以“爱人”为核心，包括孝、弟（悌）、恭、宽、信、敏、惠、智、勇、忠、恕等内容；以“己所不欲，勿施于人”、“己欲立而立人，己欲达而达人”为实行的方法。其中孝悌是仁的基础，《论语》云：“孝弟也者，其为仁之本欤。”

儒家认为“仁”是为人的根本，是一切伟大人格的基础和最重要的部分，是人的精神家园，用孟子的话说就是“人之安宅”。提倡“仁”的道德，就是把人当作人来对待，人与人在天命之性和生命价值上是平等的。所以，“仁”的精神就是人性与人道的精神，就是以人为本的精神，诚为立身处世之基石。人若时时存仁德之心，则所到之处，莫不如春风化雨，处处见和煦之气象，故古人言：“仁者无敌”。缺少对生命和人性的同情与关怀，则是“麻木不仁”。孔子甚至提出要为“仁”而献身即“杀身以成仁”，对后世产生了很大的影响。

因为仁是人内在精神的至高境界，因而仁成了美好事物的代名词，事物的核心之精华往往被称作仁，如果实核心为种子，乃果实之精华，故称果仁，瞳孔为人目之核心，故称瞳仁，等等。

儒家的仁爱精神不仅止于对人类的爱，而是进一步推广到了对自然界一切生灵和万物的爱，这就是孟子所说的“亲亲而仁民，仁民而爱物”。当今世界范围的自然环境正面临工业技术文明带来的普遍危机，有识之士深表忧虑。在崇尚科学技术、提倡竞争的当代社会，尤其需要强调“仁”的道德思想，以便使科学技术与竞争机制更好地为人道与人性的根本目的服务。难怪20世纪70年代，享誉世界的英国大历史学家、汤恩比博士就曾说：“能够拯救21世纪人类劫难的，只有中国传统的儒家教育和大乘佛法。”

成语“仁至义尽”出自《礼记》。《礼记·郊特牲》：“蜡之祭，仁之至、义之尽也。”孔颖达疏：“不忘恩而报之，是仁；有功必报之，是义也。”周人在每年的十二月都要极其虔诚地祭享对农事有功的诸神（即蜡祭），以为报答，谓蜡祭极尽了仁义之道。后用以形容对人的爱护、关心、帮助尽了最大努力，陆游《秋思》（之十）诗中有“虚极静笃道乃见，仁至义尽余何忧”之句。

忠恕之道全在一『心』

“忠厚传家久，诗书继世长”、“一等人忠臣孝子，两件事读书种田”，这是常见的两幅古联（我的名字传玖即源于“忠厚传家久”，小学时不解其意自作聪明改“久”为“玖”）。值得一提的是，两联的上联都紧扣尽心做事、以诚待人的“忠”字，偶然中自有其必然，不妨从“忠”谈起。

“忠”是个形声字，金文、小篆一脉相承从“心”，“中”音，本义作“敬”解，不懈于心为敬，故忠从“心”；又以“中”有不偏不倚之意，忠为正直之德，故从“中”声（古文字“中”像有飘

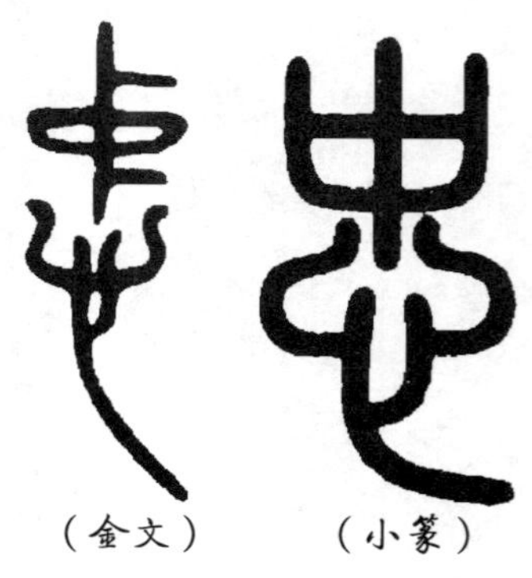

（金文）　（小篆）

带的旌旗，旗杆之中加方形或圆形表示旗杆之中部，引申为中央之意）。

“尽心于人曰忠，不欺于己曰信”，从先人造字可见，“忠”是存心居中、正直不偏，指为人诚恳厚道、尽心竭力，即对人尽到自己的良心责任。用今天的话来说，就是做人做事尽心尽力，忠诚于家庭、社会、国家。也因此，忠诚成了做人的根本，《论语》载曾子每天都“三省吾身”，反省的第一条就是“为人谋而不忠乎？”意为是不是以诚待人，别人托付的事情尽心尽力与否？即使在今天，忠诚做人、尽心做事依然有着强烈的现实意义，中国共产党入党誓词就有“对党忠诚，积极工作”之语。而日常生活中的你我，自己的忠诚度时刻都在受到检验：作为公务员，自己的所作所为是否对得起养育我们的老百姓？是否对得起领导与同事的信任？身为母亲，为家庭尽职、尽责地教养孩子了吗？作为父亲，可堪为子女作榜样了吗？当学生的，功课认真努力了吗？可见，每个人在平凡职位上要想真正做好，须臾离不开一个“忠”字。

古代讲忠于君主、忠于朝廷，现在讲忠于国家乃至忠于革命忠于党，其语有别，其理一然。孔子云：“君使臣以礼，臣事君以忠”，所谓“君臣有义”，君有礼、臣尽忠，就是君臣大义，但此语更侧重于对君的要求，强调君应依礼待臣，而不是后世片面解读的不问是非、无条件的由“尽心”变“违心”的愚忠，更不是“君要臣死，臣不得不死”的绝对服从。

由“忠”而“恕”，朱熹对“忠恕”有过比较精当的注解：“尽己之谓忠，推己之谓恕。”望字生义，知“恕”乃“如心”，即如同对方之心，将心比心、推已及人。“己欲立而立人，己欲达而达人。”“己所不欲，勿施于人。”所谓人心都是肉长的，自已想怎么样，也要想到人家也想怎么样；自已不想怎么样，也要想到人家也不想怎么样。孟子说的“老吾老以及人之老，幼吾幼以及人之幼”，就是恕道的体现。如果我们做什么事情都能将心比心，用同理心来换位思考，设身处地地留意他人、理解他人、对待他人，就能化解许多冲突，纾解各种压力——“恕”是人际交往中赢得人和的最佳良方。从这个意义上说，要建立和睦相处、互利互助的人际环境也不难，不妨从“恕”字入手，让自已“如心”地做人、做事，相信每时每刻都会生活在快乐的心情、温暖的家庭、和谐的工作氛围中，这也是孔子说的“道不远人”的另一个注脚。如果时刻为别人着想，心怀全人类的福祉，这种仁慈博爱的精神，就是行恕道的至高表现。

礼义廉耻，国之四维

礼貌、礼节、礼仪、礼物、典礼、婚礼、葬礼……国人的日常生活与“礼”密不可分。两千五百年前，孔子就说：“礼云礼云，玉帛云乎哉？”意思是说，生活中的礼不仅仅是表面上的待人接物、请客送礼，而是有更深层次的文化内涵。究竟什么是礼呢？这要从“礼”字追根溯源。

甲骨文的“礼（禮）”像盛玉于豆（古礼器）中奉神，本意应为敬神；小篆的“礼”，从“示”从“豊”，“示”像神主之形，

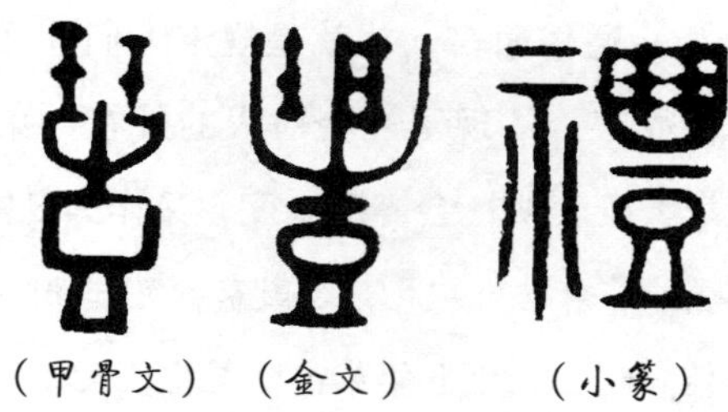

为祭祀对象，“豊”谓奉祀行礼之器。郭沫若说：“大概礼之起源于祀神，故其字后来从示，其后扩展而对人，更其后扩展而为吉、凶、军、宾、嘉的各种礼制。”

礼起于何时已很难说清楚，比较公认的说法是起于三代而备于周朝，周公在殷礼的基础上，重新制订礼乐，将礼制度化、系统化，把礼仪制度推向了较为完备的阶段。周公还在朝廷设置礼官，专管礼仪。春秋时，孔子把“上下有别、尊卑有序”的礼推向了一个至高无上的地位，教育他的弟子要做到“非礼勿视，非礼勿听，非礼勿言，非礼勿动”（《论语·颜渊》）。《史记》等文献记载，为寻找“礼”的真谛，孔子几次求教于老子。两位“大师”的“礼”谈，千百年来一直传为佳话。

随着礼仪文化的发展，相应的著述也越来越多，“三礼”（即《周礼》、《仪礼》、《礼记》）的出现标志着我国礼仪发展的成熟阶段，形成了极具中国传统特色的规范的道德准则、完整的礼仪规范，对中国后世的政治制度、社会思想、文化传统、伦理观念等方方面面影响都极大。南北朝的北周专门设置礼部，隋唐时礼部为六部之一，此后历代相沿，直至清末。

通俗而言，礼就是规定人们什么可以做、什么不可以做的道德界限，体现了社会对人的外在约束，强调的是名分、地位、尊卑，既表明社会等级制度，又作为日常伦理道德规范。《左传·隐公十一年》："礼，经国家，定社稷，序民人，利后嗣者也"。《左传·昭公二十五年》："夫礼，天之经也，地之义也，民之行也。"意思是说礼是老天规定的原则，大地施行的正理，百姓行动的依据，成语天经地义即出于此。《管子·牧民》载："礼义廉耻，国之四维；四维不张，国乃灭亡"，意即国家就像一顶大帐篷，要有礼义廉耻这四根大绳维系才能稳固。

"礼者，所以立身也"，一个人有道德才能高尚，有教养才能文明，有礼节才能成功。"恭而无礼则劳，慎而无礼则葸（拘谨、畏惧），勇而无礼则乱，直而无礼则绞。"（《论语·泰伯》）恭、慎、勇、直都是美德，如果缺乏礼的调节规范，优点就可能转为缺点，流于劳苦、畏缩、冲动、刻薄——"礼"为每个社会成员都订下了适当的行为模式，行礼的目的是成就自己，因为礼让我们知道自己的身份位置，从而能用恰当的方式面对天地、神灵、祖先、亲师、朋友，达到朱熹讲的"卓然自立而不为外物所摇夺"。当然，讲"礼"也要与时俱进，不能脱离具体的时空环境，"礼之用，和为贵"（《论语·学而》），礼的运用要以舒适得体、恰到好处为宜，如果什么事情非得死守礼规，也可能适得其反，所谓过犹不及。

纵观历史长河，礼对中华民族的精神修养起了至关重要的作用，也因此，中国自古就被称为礼仪之邦。自清亡以后，随着社会制度的彻底变革，中国传统的礼仪也遭到彻底否定，"倒洗澡水时连婴儿也一起倒掉了”。一提到礼，想到的似乎就是磕头跪拜、扼杀人性，或者是日常礼仪的繁文缛节，一概斥之为封建礼教，把先人的意思扭曲了十万八千里。近年来，随着我国综合国力的强盛，传统文化逐渐复兴，“礼”中积极健康的部分所呈现的魅力再度引起国人的关注，中国的形象也因传统的“礼”文化而更加亮丽、清新，人文奥运的成功即是明证。

君子喻于义

古文字的“义（義）”从“我”从“羊”，“我”谓己，“羊”谓善祥，我所表现的善祥即为义，所以“义”的字面意思就是“我善良”。

“义”在中国古代是一种含义极广的道德范畴，指公正、合理而应当做的。《中庸》曰：“义者宜也。”宜什么？就是一种“应当”的标准，也就是思想行为符合一定的道德伦理准则。《礼记》言：“夫义者所以济志也，诸德之发也。”由此可见，“义”深含着人的善性，也说明“义”乃人应有的优良德行。举凡做事，皆要明白是非善恶、晓明利害关系，不以私利为出发点就是行义。作为纯正，处处公道，不作私弊，就是义行。

孔子较早提出了“义”，《论语》云：“见得思义，见利思义，义然后取。”就是说财物来了、利益来了、权位来了，首先要问“应

（甲骨文）　（金文）　（小篆）

得吗？该得吗？可得吗？”　孔子还认为“君子喻于义，小人喻于利。”意思是说君子明白义，小人关注的是利，比喻君子只做合乎道义的事，小人只做有利益的事。世间万物，若非取之有道，恐怕后患无穷。孟子更说出“生，亦我所欲也，义，亦我所欲也，二者不可得兼，舍生而取义者也”。

孔子说：“见义不为，无勇也。”古今中外，见义勇为、匡扶正义，对维护社会的安全稳定，都有着重要的意义。时至今日，我们仍然提倡见义勇为。只有好好地去珍惜、爱护见义勇为者，褒奖见义勇为的义举，在社会上营造一种见义勇为高尚的良好氛围，不让英雄流血又流泪，这样才能让这个社会正义长存！当一个社会的见义勇为缺失的时候，这个社会的正义感也就失去了；一个社会没有了正义感也就失去了安全感。路见不平一声吼，这是每一个有良知和正义感的人的真心呼唤。

义结金兰比喻情谊坚固契合。《易 · 系辞上》，“二人同心，其利断金；同心之言，其臭如兰”（同心协办的人，他们的力量足以把坚硬的金属弄断；同心同德的人发表一致的意见，说服力强，人们就像嗅到芬芳的兰花香味，容易接受），说的就是朋友交情深厚。后来，朋友间情投意合结为异姓兄弟或姐妹，称结金兰。武侠影视中也经常看到这样的场景，几个气味相投的人跪拜于地，同声说："黄天在上，今日某某和某某结为异姓兄弟，不求同年同月同日生，但求同年同月同日死"。《水浒传》中梁山好汉们聚会的大厅，就名之为"聚义厅"。义结金兰的典型是《三国演义》桃园三结义的故事。东汉末年，朝政腐败，加上连年灾荒，黎民百姓生活困苦。刘备、关羽、张飞三人情投意合，决定同心协力、共举大业，以救困扶危。三人在张飞庄后的一处桃花盛开的桃园结拜兄弟，后来打下了一片天下，立蜀为国。多少年来，人们一直传诵着这个故事，也一次次效仿着焚香结义，尤其是忠肝义胆的关羽，其忠义和勇武的形象，成了一种文化与精神象征，历代推崇，人称为关公、关老爷、关圣帝、关帝等，有遍布全国的关帝庙即武庙，几与文圣人孔夫子并列。

公生明，廉生威

廉洁与贪腐，冰火不相容，一正一邪，毁誉都在人心，古往今来，无数廉洁之士名垂青史，也有无数贪官污吏遗臭万年。民族英雄岳飞曾说："文官不爱钱，武官不怕死，天下太平矣。"民国时期黄埔军校大门也曾悬挂对联"升官发财请往他处；贪生怕死莫入此门"，这些至理名言至今仍为人们津津乐道，津津乐道的核心就是一个"廉"字。

小篆"廉"字从"广"，"兼"声，本义作"仄"解，即侧斜之意，乃指堂屋之侧边，故从"广"。又以"兼"从手执二"禾"，有合二为一之意，廉虽在堂侧而实与堂相连为一，故从"兼"声。

廉虽为堂屋之侧边，但堂边廉石多平整修洁，又棱角高耸峭利，

（小篆）

故人有高品谓之廉，从“廉”字所组成的常用词，如清廉、廉洁、廉明、廉正、廉直即可体会到“廉”是指气节清高、品行峻洁的高尚操守。而且，“廉”字也是专用于评价官员道德操守的一个褒义词。

究竟如何理解廉？公廉约己，以身作则，即可明达政事；以德化民，廉洁为政，则可民安国治。统而言之，廉是官员起码的为政品质，即明法守法，严于律己、严于律下（即下属）、严于律亲，做到不行贿受贿，不贪赃枉法，不图谋私利，不以权换钱，不依仗权力挥霍享乐，拒绝腐败的侵袭。只有这样，为政者才能得到他人的尊敬与服从，达到古圣先贤所说的“其身正，不令而行”。古往今来，明智者必以清操为励，以不贪为宝，虽贫不受贿金，虽渴不饮盗泉。但古往今来，欲海难填者前赴后继，许多官员过不了贪欲和私利这一关，身败名裂者不绝于史，令人深思。

南北朝时期，南朝宋明帝刘彧泰始三年（467年），梁州（治今陕西省汉中市）州将范柏年受刺史刘亮派遣，到京城建康（今南京）请示机宜。明帝与范柏年谈及广州贪泉时，一语双关地问柏年：“卿州也有此水否？”柏年答：“臣所在梁州唯有文川、武乡、廉泉、让水。”明帝又问：“卿宅何处？”范答：“臣所居，廉让之间。”范柏年巧妙对答，既说明他任职之地民风淳朴，又暗示自己为政清廉。“廉泉让水”遂被世人传为佳话，比喻风土习俗淳美。今汉中市拜将坛有一楹联：“文川武乡英雄地，廉泉让水仁义邦”，说的也是此事。

很多人都知道“三十六字官箴”：“吏不畏吾严而畏吾廉，民不服吾能而服吾公。公则民不敢慢，廉则吏不敢欺。公生明，廉生威。”这段短小、精悍的文字，以其深刻的内涵、丰富的哲理和振聋发聩的警示成为史上许多官员的座右铭。

据考证，这段官箴是明代山东巡抚年恭定所撰并勒石立碑；明孝宗弘治十四年（1501 年），山东泰安知州顾景祥题跋重刊立碑；乾隆二十三年（1758 年），时任泰安知府的颜希深再刊并跋；嘉庆二十年（1815 年），时任浙江巡抚的颜希深之子颜检也按其拓本立碑；道光二年（1822 年）颜检之子颜伯焘又携拓本履任陕西延榆绥道台，后颜伯焘寄给长安知府张爱陶，请其刻石立碑，以传后世，张爱陶遵嘱，这就是今西安碑林博物馆收藏的官箴石碑。颜氏祖孙三代，历侍乾隆、嘉庆、道光三朝，承前启后将官箴携带身边，自励勉人，使这段为官名言能广为流传，泽及后世，实为难能可贵。

知耻近乎勇

小篆“耻（恥）”从心，耳声，本义作“辱”解，羞愧之意，羞愧乃心有所惭而生，故从心（意符“心”后被改作“止”，有表音作用，简化字规范为耻）；又因为耳为听觉器官，人闻过则面红耳赤，故“耻”从耳声。

由上观之，耻是羞耻之心，即知好知坏、知善知恶、知是知非的道德良心，换言之，就是不肯跟着别人做恶事的那种内心信念和最后的心理防线。知耻就是有廉耻之心，能自省身心过失而生愧悔改善之心。孔子在《礼记·中庸》中说：“好学近乎知，力行近乎仁，知耻近乎勇。”意思是说，喜欢学习就接近了智，努力实行就接近了仁，知道羞耻就接近了勇。

人非圣贤，孰能无过？《左传》曰：“人谁无过？过而能改？善莫大焉。”面对羞耻之事，不管事有多大，只要敢于承认现实、

（小篆）

正视现实，敢于改正错误、扬弃旧我，就值得尊重和敬佩。有勇气认错，才有勇气改错，最终纠正错误。所以，知耻，是一个人保全自已的信念、行为不离正道的护栏，也是一种值得推崇的高贵品质，一个人如是，一个民族也如是。如果无耻之心像瘟疫一样传染开来，并成为一个社会普遍的心理现象的话，这个国家就麻烦了。

“不知人间有羞耻事”常用来怒斥无耻之徒，形容无耻到极点。话说北宋仁宗时期，国家内忧外患，担任参知政事的范仲淹上书仁宗，提出革除弊政的十项措施，力推改革，但遭到反对派的诋毁，被贬外地。其时，谏官高若纳不仅不主持公道，反而伙同权奸诽谤贤士，认为范仲淹应当被斥逐。欧阳修因支持范仲淹改革，亦遭诽谤。愤怒之余，欧写信给高若纳，怒斥道：“足下犹能以面目见士大夫，出入朝中称谏官，是足下不复知人间有羞耻事尔。”（文见《欧阳文忠集 · 与高司谏书》）后欧阳修亦被贬到外地当县令，直到范仲淹重新起用才调回京城。

《礼记 · 杂记下》说：“君子有五耻：居其位，无其言，君子耻之；有其言，无其行，君子耻之；既得之而又失之，君子耻之；

地有余而民不足，君子耻之；众寡均而倍焉，君子耻之。”大意是说，在君子眼中，为官者有五种耻辱：一是身居其位却不谋其政，只当官，不干事；二是虽有良言善谋，但只说空话，不办实事；三是开始时能因其才学得到职位，后因贪腐等原因再失去职位；四是管辖区域虽广，但无所作为，百姓仍生活在贫穷落后之中；五是众人所得差不多，而自己却数倍于众人。对照历史，看看现实，“五耻”之人何其多！很多为官者或占之一，或占其二，但有多少人“知耻”呢？

知耻而后勇，道理虽不深刻，但真正行动起来却不简单。只有知耻，才能唤起洗刷羞耻、捍卫尊严的勇气，激发出改造自我与社会的巨大力量，从而战胜脆弱、猥琐与渺小，为自己、家庭乃至国家、民族赢得伟大与光荣。

让智慧照亮人生

“机关算尽太聪明，反算了卿卿性命！”《红楼梦》中的王熙凤费尽心机，算计一生，结果聪明反被聪明误，最终连自己的性命也算计掉了。曹雪芹写给王熙凤这首《聪明累》名副其实、一语中的：人不要为小聪明所累，小聪明自误误人，人生需要的是大智慧。何为智慧？今天就从“智”字谈起。

“智”是个会意字，与“知”同源，甲骨文从口、从于（同亏，表示声气）、从矢，用开口说话如箭矢会意言词敏捷之意。清段玉裁曰：“识敏，故出于口者疾如矢也。”金文另加曰旁，突出言词之义。小篆分简繁两体，其繁体隶变后简省写作“智”。古代智、知通用，如今表义有明确分工。本义是言词敏捷，进而指聪敏、通

（甲骨文）　（金文）　（小篆）　（小篆）

晓事理、有才能，引申为计谋如智谋、智慧等。广义而言，智、慧同义，但细究起来，智、慧稍有差别：明白事相曰智，了悟事理曰慧。智者明白事物发生的过程和表象，善于处理具体的矛盾和问题，慧者更能理解事物发生的内在原因，长于思考治世的、大是大非的问题。范蠡、蔺相如、商鞅、苏秦等是东周的大智者，越国复兴、赵国完璧、秦国强大、战国纵横都有他们的身影；孔孟、老庄等是那个时代的大慧者，他们开出的治世药方让他们千万年不朽。

智慧不等于知识，也不是简单的小聪明。知识是对各种事物的认识和理解，智慧是对事物迅速、灵活、正确、整体的把握和处理能力。目不识丁的老太太未必有多少知识，但不缺乏生活的智慧，南宋陆九渊的“吾虽一个大字不识，也可堂堂正正做人”说的就是此意。更重要的是，知识只能告诉我们真假，智慧能告诉我们是非、善恶、对错，所以智慧本身也是一种德性，体现出一种对生活的根本性洞见和澄澈无比的精神状态，是能力与德性的统一，是正确行为的指导。

在儒家道德体系中，“智”是最基本的最重要的德目之一，也是理想人格的重要品质之一。孔子视“智、仁、勇”为“三达德”

（《中庸》载孔子称君臣、父子、夫妻、兄弟、朋友五种人际关系为“五达道”，调节五达道的是三达德），并说“知（智）者不惑，仁者不忧，勇者不惧。”孟子将“智”与“仁、义、礼”并称“四德”，认为“恻隐之心，仁也；羞恶之心，义也；恭敬之心，礼也；是非之心，智也。”董仲舒立“智”与“仁、义、礼、智”为与天地一样长久的世间常道即“正常”。

《中庸》云：“好学近乎知（智），力行近乎仁，知耻近乎勇，知斯三者，则知所以修身。”好学，是增长智慧的方法。好学之人能深入学习，将他人的学识、经验转归自己，无论是前人的经验，或是圣贤的教诲，犹如站在巨人的肩上，可以看得更远。因此，要提升智慧就当发奋学习，沉潜其理，并在生活中力行。常言道“吃一堑、长一智”，受一次挫折，得一次教训，长一分才智，故曰失败是成功之母。“不经一事，不长一智”，学习不但在书本上，亦在生活中。经过一次次的锻炼，我们会更有智慧处理好人生中遇到的各种问题。

智慧人人本有，但很多时候被欲望、习气、情绪等遮挡而不能清醒理智，“利令智昏，欲令智迷”，“水激则波兴，气乱则智昏。”在财色名利当前时，若无智慧的把守，道德的约束，难保不堕落，人生的诸多不幸，莫不由此贪欲而起。智慧，是生命的力量，是圆满人生的泉源。生活处处需智慧，无论待人处事，一思一虑，非经智慧不能辨择——幸福的人生都是从智慧中得来。

信口岂能雌黄

“信”是个会意字。金文的“信”字从“人”从“口”，小篆为明确字义，“口”上加“舌”，遂演变为从“人”从“言”的会意字。人言为信，因言乃心声，凡人话要落实才能见得人，故信之本义作“诚”解，即笃实不自欺亦不欺人。

讲究信誉、遵守诺言是做人最基本的道德要求，是人际交往的基本准则。一个没有信誉的人是很难生存的。孔子说：“人而无信，不知其可也。”同时又说：“信则人任焉”，只有当你被证明是一个值得信赖的人时，别人才会觉得你可靠，才会把大事托付给你。小胜靠智、大胜靠德这句话说的就是这个道理。因此，要重视自己所说的每一句话，每一句话都是在积累你的人生品质大厦。一个人如此，一个社会也如此。如果一个社会缺失诚信，人与人之间相互

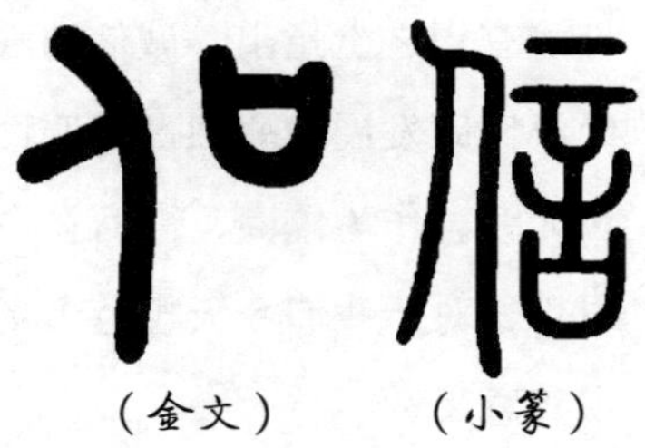

（金文）　（小篆）

尔虞我诈，这个社会必定是个丑恶可怕的社会。《吕氏春秋·贵信》对此作了淋漓尽致的剖析："君臣不信，则百姓诽谤，社稷不宁。处官不信，则少不畏长，贵贱相轻。赏罚不信，则民易犯法，不可使令。交友不信，则离散忧怨，不能相亲。百工不信，则器械苦伪，丹漆不贞。夫可与为始、可与为终、可与尊通、可与卑穷者，其唯信乎！"

中华民族有着悠久的诚实守信的道德传统，历史上传诵着许多诚实守信的动人故事。曾子是孔子的学生。有一次，其妻准备去赶集，但孩子非要同去，哭闹不已，曾妻无奈，便随意许诺孩子若乖乖在家呆着，回来后杀猪给他吃。曾妻从集市回来后，曾子真的要杀猪，曾妻连忙阻止："我不过是哄孩子的，何必当真。"但一向守信的曾子不这么看："小孩子不懂事，凡事跟着父母学，听父母的教导。你言而无信哄骗他，就是教孩子骗人啊"。曾妻觉得丈夫的话很有道理，心悦诚服地帮曾子把猪杀了。

以徽商为代表的中国传统商帮以儒家道德观念规范自己的商业行动，十分讲究"信"德，恪守诚信为本的商业道德理念，重然诺，守信用，以诚待人，以信接物，为后世的经济行为树立了典范。

许多有识之士指出，诚信的缺失和信用危机，已成为制约当前市场经济健康发展的瓶颈，普遍性、全社会“信用稀缺”，长此以往后患无穷。作为儒商，徽商在数百年经商历史中坚守诚信为本的经营思想，对于我们今天规范市场经济行为，无疑有重要的借鉴价值和现实意义。

成语“信口雌黄”的意思是不顾事实、随便乱说，但为何与矿物雌黄联系在一起呢？原来古人写字多用黄纸，如果字写错了，就用黄色矿物颜料雌黄涂改后重写，“信口雌黄”即源于此。另据《晋书 · 王衍传》载，西晋大臣王衍是个清谈家，喜谈老庄，清谈时手里还拿着拂尘，但时时前后矛盾、漏洞百出，即便别人指出他的错误或提出质疑，他也满不在乎，甚至不假思索地随口更改，时人说他是“口中雌黄”。

道可道，非常道

《老子》开篇有语："道可道非常道"，六个字中有三个"道"，但三个"道"的含义却各不相同，分别何解？其中究竟有什么道道？且看"道"字何来。

"道"是个会意字，金文从"行（路径）"从"首"（表示面之所向、行之所达），篆文和隶书从"辵"从"首"，本义是行走，由此引申为方向、途径、路径；人走道应遵循一定的路径，"无规矩不成方圆"，做任何事情也要遵循相应的规则，故"道"又引申为法则、方法、道理、规律，再由此引申为事物变化的终极原理、宇宙万物的本原或本体、一定的思想体系、讲述等等，涵义极广。有趣的是，同样是依据"道"的古文字，亦有学者认为"道"字就

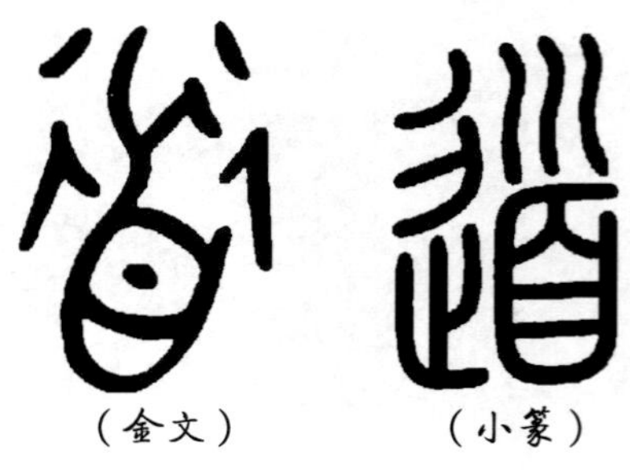

是一幅活生生的分娩图：胎儿的头部正从产道顺产而出，故“道”的本义是产道，引申为天地万物的源头。

回到开篇的话题，老子的“道可道，非常道”，第一个道指的是事物运动变化的普遍规律、终极原理或宇宙万物的本原、本体，第二个道的意思是讲述，第三个道指的是一般性的或局部性的道理、规律。

对宇宙人生的终极追问，伴随着人类的始终：茫茫宇宙从何而来？宇宙运行有没有什么根本性的规律？缘于思考的方向、路径不同，自古以来不同的圣贤得出了不同的“道”。春秋时期的老子一言以蔽之：天地万物都由“道”而生。老先生的原话是：“有物混成，先天地生……可以为天下母，吾不知其名，字之曰道。”（《老子》二十五章）道生成天地万物的过程是：“道生一，一生二，二生三，三生万物”（《老子》四十二章）。道生万物之后，又作为天地万物存在的根据而蕴涵于天地万物之中，但它不同于可感觉的具体事物，无形无象，无声无嗅，大而无外，小而无内，心灵可以感知却无法言传或图示——因为人的认识总有局部性，总结出来的道不是准确、全面的道，故曰“道可道，非常道”。比如我们眼前的桌子究竟是什么？是一堆木头还是一堆原子，这些都只反映了它的一个侧面。再如牛顿发现万有引力定律时，科学界一片惊呼，以为找到了宇宙的终极定理，但后来的量子力学、相对论证明这条法则在微观、高速世界是错误的（现在的量子力学、相对论依然有局限性）。那么，作为事物运动变化的终极原理或宇宙万物本原的道又是怎么产生的呢？老子的答案是“道法自然（自然而然、自自然然）”，道不是谁设计的，宇宙的法则本来如此。

老子“道”的概念后被道教全盘接受，也被其他学派经常引用，理解虽有别，但道已成为宇宙本原、普遍规律的代名词，对中国文化产生了深远的影响。概而言之，道是天地万物的客观规律，无论是自然规律还是社会规律，都是客观规律的一部分，天有天道，人有人道，人与自然相处也有其道，按道的规律做事就是有“德”。老子因此提出“无为而无不为”：无为不是无所作为、一无所为，而是不妄作为，即不违背道的规则妄为；因为不违背客观规律，遵循客观规律而为，所以无所不为，是为大作为。

道，一“首”一“走”，但走什么样的路却人各有别，只有心存正道不偏离正道，随时校正前进的方向，才能走出人生的康庄大道，因为正道是顺乎天理、合乎人心的大道，背道而驰、离经叛道必自取祸殃，这就是人道的要义，也是下文所讲的“德”的要义。

顺『道』而行即为『德』

“德”是个会意字，甲骨文从“彳”（音赤，与行走、道路有关）从直（目视标杆），会意“视正行直”；金文加“心”，突出心地正直；小篆承接金文并整齐化，本义是行得正、真诚、表里如一，引申为好的品行、节操、人们共同生活及行为的准则和规范、心意、恩惠等。

“道”与“德”两字紧密相连。前文说过，道就是天地万物运行的规律，即自然、社会的运行法则；德就是顺应自然和社会的发展规律去生活、工作、待人接物。简而言之，“德”就是顺“道”而行，走人生该行的道路。

究竟如何做才是落实自然之道而行德呢？子女孝顺父母，就

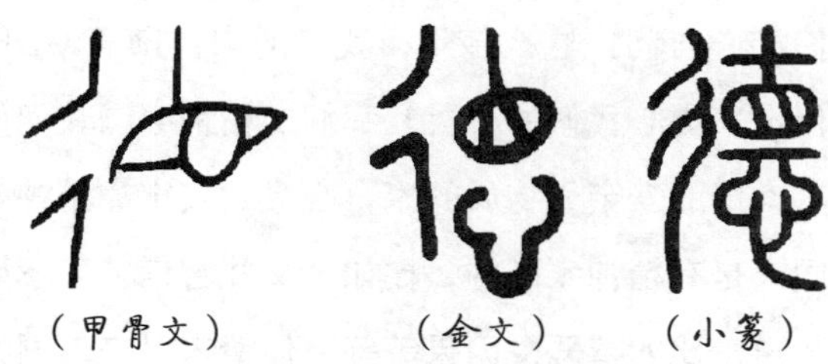

是为人子的德行表现；父亲能以身作则教育子女，照顾好家庭就是为人父的德；学生尊敬老师，老师言传身教，培育德才兼备的人才是师生之德；夫妇互敬互爱、奉养父母，携手努力共建家庭，就是夫妇之德；朋友往来讲求信义，就是交友之德；上级以仁义之心关爱下属，下级对上级忠信有礼，这是同事相处之德；保有一颗善良恻隐之心，帮助社会上需要帮助的人，就是个人与社会的相处之德。再推而广之，为政以德就是德政，现在常说的以德治国也是此意。由此可见，道德并非空洞，而是实实在在，与我们息息相关，几乎是须臾不可离也。

但恰恰在这一点上，我们出了问题。今天，没有多少人怀疑中国社会道德滑坡的现状，近几年的染色馒头、毒豆芽、牛肉膏、地沟油、瘦肉精等食品安全事件，再到不断发生的路人扶老被讹和对生命的漠视事件，道德滑坡触及了人类文明的底线，已经不是简单的“人心不古”，正在演变成为社会危机，已深入到社会生活的各个角落，危及到每一个人的安全。社会道德大厦一旦倒下，比任何事情都可怕，因为只要是人类社会，人是价值的终点，人没有了价值，其他所有的一切，不管多么辉煌，都是虚空。

国人的道德人心出现了什么问题？一段时间有很多解读，我们扪心自问：这么多年，我们的肉体随着 GDP 的增长日益丰满，但谁来关心我们的心灵？我们的精神家园在何处？一个正常的人，其肉体的安宁靠物质的家，心灵的安宁靠精神的家。自古以来，中国人是有精神家园的，比如仁义礼智信、忠孝勤俭廉，比如祖先、孝道，比如善恶、因果等等。但清末以来，国人排斥、抛弃传统道德文化，认为那些都是迂腐、没落的，应该尽快扔进历史的垃圾桶，一切向西方看齐，于是废除“读经”、“打倒孔家店”、“破四旧”直至十年文化浩劫。经过几十年的运动、斗争、批判之后，我们几乎断送了老祖宗遗留下来的养心修身之“道”。皮之不存毛将焉附，无道可行的社会自然就会涌现无德之人，没有了善恶羞耻，冷漠、冷酷无情，整个社会没有了共同的心灵约束，追根溯源就是几十年先失“道”再失“德”的苦果。

有人说传统道德文化有糟粕，世界上哪一种文化没有糟粕？没有哪一种文化绝对干净，这得看这个文化的主体、主流，如同看待一个人，不能因为他有一点缺点就全盘否定这个人。再则，经过西方文化的洗礼，我们习惯于戴上西方文化的有色眼镜审视中国传统文化，这并不正确。生为中国人，我们应该学习西方文化的长处，但前提是先传承好祖先的文化遗产，不能数典忘祖。文化是一个民族创造力的源泉，一个有文化自信的民族，必定是创造力较强的民族，也更容易赢得其他民族的尊重、亲近和支持，而一个自卑的民族就不会尊重自己的文化，一个精神上无根的民族也就不会有与其相称的软实力。

宗法宗教一席谈

有人说宗教是精神的鸦片，纯粹骗人；有人说宗教是人类灵魂的托儿所，给人以终极关怀，是人类给自己营造的心灵家园；还有人说宗教是人彻悟后对宇宙人生本质的至真把握。孰是孰非要从“宗”字谈起。

“宗”是个会意字，从宀、从示，示为祭坛牌位，宀代表房屋，本义是祭祀祖先的庙，引申为祖先、同一祖先的家族如宗法、家族的上辈或民族先贤、为众人所师法的人物、主要目的和意图、派别、尊崇等义项。

谈宗教之前先说宗法。宗法是以父系血缘关系为基础、尊崇共同祖先、维系亲情而在宗族内部区分尊卑长幼，并规定继承秩序

以及不同地位的宗族成员各自权利和义务的法则，简而言之就是以父系血缘关系亲疏为准绳的遗产（包括权位、财富、封地）继承法则，核心是嫡长继承制即正妻所生的长子为法定的王位继承人。按照周代的宗法制度，宗族分大宗和小宗。周王自称天子，王位由嫡长子继承，为天下的大宗。其他儿子有的分封诸侯，对天子是小宗，在封国内是大宗，其职位由嫡长子继承；诸侯的其他儿子有的分封为卿大夫，对诸侯而言是小宗，但在他的采邑内又是大宗，其职位亦由嫡长子继承。从卿大夫到士也是如此。世袭的嫡长子成为宗子，掌握本族财产，负责本族祭祀，管理本族成员。宗法制度确立于夏、发展于商、完备于周，历代沿袭，尤其是宋明后族权遍及社会各个角落，与政权互补互用，是中国古代社会得以长期延续的重要原因，延续至今的祠堂、家谱就是宗法制度的实物见证。

人为什么要有宗教信仰？大而言之，面对茫茫宇宙，人人都曾发问：宇宙是怎么产生的？为什么是这个样子？有始有终吗？生命的意义是什么？人是怎么来的？死亡之后是什么……关于宇宙人生的终极追问，现实中永远不会有答案，因为我们无法验证宇宙的起源（不可能造一个宇宙），也无法验证死亡的真相（死亡是“一次性”的），只能到宗教的思辨中寻求——佛教、道教、基督教等宗教回答了这些问题。小而言之，人生也有很多困惑：应该怎样生活才有意义？什么样的生活才是幸福的人生？怎样才能拥有幸福的人生？怎样才能让这个社会更和谐？——儒释道等从不同的侧面回答了这些问题。

信仰宗教无非把握两个字：智和善。所谓智，就是把握宇宙与人生的智慧。与历史上最爱思考的心灵一起步入智慧的殿堂，并把他们的智慧运用到我们的生活中来，这才是信仰宗教的真谛！比如佛教，我们不必执着于六道轮回的真假，但对其“放下”则不能无睹，人生应该轻装上阵，一味为钱权殚精竭虑伤身伤心，后果难料。所谓善，就是悲天悯人，关爱自己、友爱他人、敬爱自然。宗教都是教人向善的，引领人朝着积极向善的方向发展，让我们心有归属，也让心灵有所约束，帮助我们走正、走好人生之路，并走得更远、更稳、更从容。显然，上帝、佛陀不是在天上，而是真实地活在人的心中，是替我们营造和看护精神家园的大管家。宗教信仰不是愚昧无知，不是迷信，也不是麻醉人的精神鸦片。美国的国力世界第一，美国人把身体交给法制政府，同时把心灵托付给万能的上帝，总统、科学家、普通国民鲜有不信上帝的（总统就职总是手按《圣经》，并说“上帝保佑美国”），如此这般他们耽误发展了吗？我们不是在向人家学习吗？

清末以降，历经运动，国人原有的精神家园被彻底摧毁，祖宗、神仙、佛陀等一概被斥之为迷信，我们无神论了，蔑视信仰，成了没有精神家园的“漂一族”和没有道德人格、精神孤寂空虚的“空心人”，心无所属、心无所束、心无所忌，自我意识膨胀泛滥如脱缰的野马，没有敬畏也不懂得敬畏，不相信因果报应，亏欠、内疚和罪恶感日趋减少，社会出现这样那样的问题也就不奇怪了。没有信仰真的好吗？

易者，变化也

很多人都知道清华大学的校训“自强不息，厚德载物”，“自强不息”勉励学子奋发图强、不屈不挠；“厚德载物”教导学人要培育深厚的道德修养，正确取舍财富、名位、情色而不被这些压垮。这八个字源自“群经之首、大道之源”的《周易》：“天行健，君子以自强不息”；“地势坤，君子以厚德载物”。《周易》究竟是一部什么样的奇书？这要从“易”字说起。

有专家说“易”是会意字，甲骨文像双手捧一杯向另一杯中注水，在两器皿中倾水即损多益少，转而表示“变化、变换、交易、变易”；金文或省去一个器皿，或变化为“鳥”形。也有专家说“易”的本义是蜥蜴，因蜥蜴肤色的善变引申为变易。还有人说“易”是“上‘日’下‘月’”，由日月的运行表示变化。各有其理。

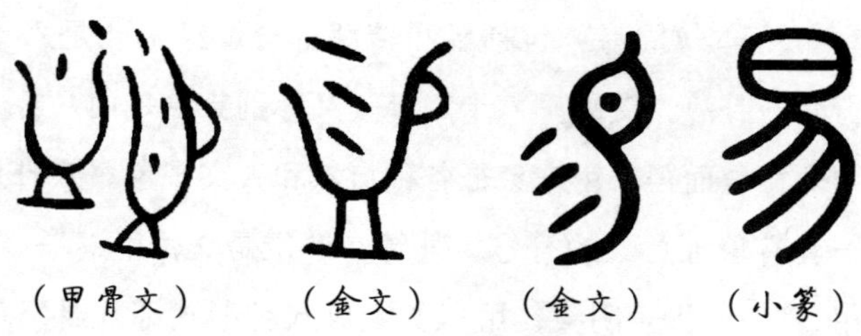

（甲骨文）（金文）（金文）（小篆）

何为“周”？一说“周”是周普即无处不在、无时不有、周而复始；一说“周”即周朝的代称，相传易为周人所作，故称。何为“易”？易就是变化，历来有“三易”说：第一是变易，一切事物都处在运动变化之中，没有一成不变的东西，故不能墨守成规；第二是简易，宇宙的法则是至简，真理总是最简单、最平淡的，故曰大道至简；第三是不易，世界万物虽随时随处在变，但万变不离其宗，变化之中有规律，不会乱做一团。太阳、地球、月亮的运行就是典型的“易”：三者的位置时时在变——变易；运行轨迹非常简单——简易；不管怎么运转，都不会撞到一起——不易。

《周易》是一部古老而深邃的儒家经典，古文献中称《易》，汉初列为“经”书之一，遂被尊为《易经》，表面上看是占卜之书，但讲述的是世界的变化及其规律，蕴含的道理至深至弘，认为世界万物是发展变化的，“易，穷则变，变则通，通则久”，任何事物发展到了极点就要发生变化，变化就能畅通，畅通才能长久。今天仍在使用的“变通”一词，即告诫人们遇事不必死钻牛角，而应该懂得通融、屈伸。

今本《周易》包括经和传两部分。经主要是六十四卦的卦形符号与卦辞、爻辞。六十四卦（又称别卦）是由八卦（又称经卦）两两相重而得，用来象征各种自然和人文现象。八卦是我国古代的一套有象征意义的符号，其基本单位是爻，用 “—”代表阳爻，用“--”代表阴爻，用三爻组成八种形式即八卦。每一卦形代表一定的事物，一般认为乾代表天，坤代表地，坎代表水，离代表火，震代表雷，艮代表山，巽代表风，兑代表泽。传是对《周易》经文的各种阐释，包括彖、象、文言、系辞、说卦、序卦、杂卦，共计七种十篇。因其阐发经文大义，如经之羽翼，故称“十翼”，后世统称易传，旧传为孔子所作。

关于《周易》作者，《汉书·艺文志》曰：“易道深矣，人更三圣，世历三古”。西汉末《易纬》云：“垂皇策者羲，益卦德者文，成名者孔也”，说的是上古时代，黄河现神兽“龙马”，背上布满神奇图案，圣人伏羲氏（距今约七千年）临摹之，并“仰则观象于天，俯则观法于地，观鸟兽之文与地之宜，近取诸身，远取诸物，于是始作八卦，以通神明之德，以类万物之情。”中古时代，周文王姬昌被纣囚禁于羑里，遂体察天道人伦阴阳之理，重八卦为六十四卦，并作卦爻辞，即“文王拘而演周易”；下古时代，孔子喜易，感叹礼崩乐坏，故撰写易传十篇。当代多数学者认为，今本《周易》之经部分，早在西周以前就有，殷末周初形成一部井然有序的《易》，而使之井然有序者，乃周文王的可能性较大。至于《周易》之传部分，非一人一时之作，大抵成于战国、秦汉之际。

心之官则思

海纳百川，有容乃大。有哲人说，世界上比陆地大的是海洋，比海洋大的是天空，比天空大的是人心。南宋陆九渊更直白地说：“宇宙便是吾心，吾心便是宇宙。”我们挂在嘴边的“人心”，究竟指的是什么？这还要从“心”字谈起。

古文字的“心”是个典型的象形字，极像人的心脏，本义即指人的心脏。古人认为心脏在人体的中间，故心又引申为中央、中心之意。

现代生理学认为，人的思维活动是大脑的功能，而先民认为人的思维活动与脏腑（中医所说的脏腑更多的是一种功能化的概念，而非解剖学上实在的器官）有关，且主要是心的功能，故有心“藏神”、“主神明”的说法。《孟子·告子上》：“心之官则思，思则得之，不思则不得也。”《黄帝内经》说：“所以任物者谓之心”，

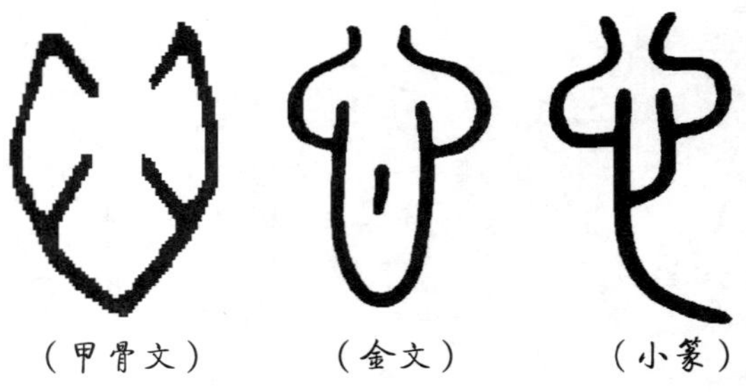

任就是担任、接受的意思，指接受外来事物而产生思维活动的过程是由心来完成的（相当于生物学上的神经系统）。张景岳在《类经》中说得更具体、全面："心为五脏六腑之大主，而总统魂魄，兼赅志意。故忧动于心则肺应，思动于心则脾应，怒动于心则肝应，恐动于心则肾应，此所以五志惟心所使也。"

思维系于心的观点在相当长时期内主导了中国人的认识，并直接影响到了汉字的构形，凡从"心"的字，大都与人的思想、意念、情感等心理活动有关，如志、忠、惧、恭等。

既然心是思维的器官，人的思维、意识等精神活动自然也就统称之为"心"了。简而言之，心就是人的心理活动，也即我们常说的念头，这也是佛教思辨、阐释的重点，"心生则种种法生，心灭则种种法灭"指的就是这层意思；明代思想家王守仁（王阳明）的"破山中贼易，破心中贼难"说的也是此意。佛教还把心称为心地、心田，以为心如大地，滋生万物，善善恶恶随缘而生，故以田、地相喻。白居易《狂吟七言十四韵》写道："性海澄渟平少浪，心田洒扫净无尘"，说的是心净如水的境界。心，位于胸中方寸之地，故又称寸心、方寸，杜甫《偶题》诗曰："文章千古事，得失寸心知”，乃诗圣经验之总结。

身体与心理、物质与精神的关系自古以来说法颇多，莫衷一是（如有人说物质与精神是相通的，具同一性；都没有绝对独立的存在），但二者能相互影响、相互作用是真实的。喜怒忧思悲恐惊，这些情绪变化都会引起身体相应的变化，如突然间极度悲伤，即刻会浑身无力甚至休克乃至死亡，可见心力之大。“境随心造、相由心生”，说的就是这个道理。眼界即是心界，宜人的风景不是在我们的眼中，而是在我们的心里。乐观豁达的人，在任何环境中都能保持一颗快乐的心，看山山有情，看水水有意，心态好什么都好。从这里也这可以看出，仁义善良的心、豁达平和的心给予身体的是无限的正能量，从而提升生命的质量，自然也是健康长寿的良方，所以说养生关键在养心。遗憾的是，恰恰在这一点上我们心有千千结，金钱、财富、权位、名望、情色……太多的欲望蒙蔽了本来澄明的心，就像厨房里的灯泡被油烟熏黑了一样，难怪孟子有言：“养心莫善于寡欲。”

心，其大无外其小无内，但心中装的是什么，却人各有别，甚至相差十万八千里。擦亮心灯、为心灵减负吧，让澄明的心灯照亮我们的人生。

正解『天圆地方』

“我的天啦！”“我的老天爷！”这是国人感慨时每每挂在嘴边的话。什么是“天”，国人为什么这么看重老天爷？玄机就在“天”字里。

“天”的甲骨文像正面站立的人形，上面突出的是人头，小篆变成一横，本义指人的头顶，《说文解字》曰：“天，颠也”，颠就是“顶”。“天”的这个意思至今还有应用，如称人或某些动物头顶部分的骨头为“天灵盖”，称治疗头疼的中药为“正天丸”等。

由“头顶”再引申为头顶之上罗列着日月星辰的广大空间的“天空”，并由此一再拓展：或表示物质的、客观的大自然，如《荀子》的“制天命而用之”；或指世界的精神的本原即最高真理，如《孟子》的“顺天者存，逆天者亡”；或曰造化之神即宇宙的主宰者，常说

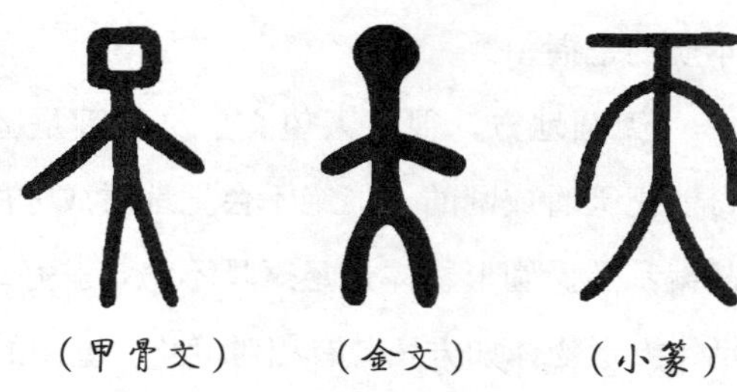

的老天爷、天神即指此意，人间的君王为表示君权神授往往称“天子”。

有哲人说，世界上有两样东西最能震撼人们的心灵，一件是我们心目中崇高的道德准则，另一件便是我们头顶上灿烂的星空。海阔天空， 苍穹浩渺，古往今来，不论圣贤大哲还是芸芸众生，都会发出这样的疑问：天从何而来？它为什么是这样的？它有边界吗？我们生活在宇宙的什么位置？《易传》曰：“易有太极，是生两仪，两仪生四象，四象生八卦。”《易经》对成卦过程的分析，也是对宇宙万物化生过程的概述，孔颖达疏：“太极谓天地未分之前，元气混而为一，即是太初、太一也。”简而言之，太极就是指天地未开、宇宙最原始的状态，即阴阳未分的混沌状态，是形成万物（宇宙）的本源；两仪就是天与地（或阴与阳）。现代科学认为宇宙产生于一次大爆炸（大爆炸以前是个超密度无限塌缩的粒子，科学家称之为奇点，一切已知物理定律均在奇点失效，故奇点是个什么样的存在无法描述）：150 亿年～200 亿年前，奇点瞬间爆炸即宇宙大爆炸，其中有形的物质凝集成星体就是地，无形的空间扩展开来形成了太空即为天，这和中国文化中的太极有异曲同工之妙。《列子 · 天瑞》说：“清轻者上为天，浊重者下为地”，既形象又具体，高超地体现了智慧的中华先祖对宇宙本质的把握。

天圆地方，很多人望文生义“天是圆的、地是方的”。肉眼可能把天看成圆的，但绝不会把地看成方的，老祖宗不会弃常识而胡编乱造。圆形物体如足球具不稳定、好动的特点，体现变动、灵活；方形物体如方礅，有相对静止、稳定的特点，体现不动、静守，成语外圆内方就是这个义项。西汉扬雄言：“圆则杌棿，方为吝啬”，这里圆指天，杌棿指动荡不定；方指地，吝啬指收敛，意为天圆则运动变化，地方则收敛静止。我们眼中的世界正如此：天上日月等日复一日、年复一年周而复始地运动，好似一个圆周无始无终；大地静悄悄地承载着我们（除非地震），恰如一个方形物体静止稳定，故曰天圆地方，即“天道曰圆、地道曰方”（《大戴礼记·曾子天圆》）。天圆地方观念深深印在国人的脑海里，如住宅多为方形，以求安逸平稳，并方形小院中修一个圆形水池，或者在两院之间修一个圆形的月亮门等等。

《三字经》曰：“三才者，天地人”，这里的“才”是指永恒的、最基本、最重要的东西，也就是说天、地、人是世界上最基本的东西。《易经》说：“昔者圣人之作《易》也，将以顺性命之理。是以立天之道曰阴与阳，立地之道曰柔与刚，立人之道曰仁与义。”圣人创制《易》的目的，就是用来说明自然变化的规律并让人顺应之，结果发现天所以为天，内在规则是阴和阳；地所以为地，背后的法则是柔和刚；人所以为人，其本质是仁和义，一一相应，故曰“三才”（亦曰三大）。也许有人说，天覆盖万物，地负载万物，人凭什么称大？中国传统文化非常重视以人为本，认为天地之间人为贵，《说文解字》这样释“人”：“天地之性最贵者也。”

天人合一好人生

一提到中国传统文化，很多人都说“天人合一”，什么是天人合一？与我们的生活有什么关系？上文说了“天”，这里再谈谈“人”。“人”是个象形字，甲骨文字形像侧面站立的人形，本义指的就是人，并引申为人的品质、性情、名誉等，如丢人、文如其人。

在处理人与自然的关系方面，东西方文化迥乎不同。西方认为人与自然是二分的，故西人总强调以科技征服自然、掠夺自然。国人的天人合一是强调“天道”与“人道”、“自然”与“人为”的相通、相类和统一，力图追索天与人的相通之处，以求天人协调、和谐与一致。人与天不是主体与对象之关系，而是处在一种部分与整体、扭曲与原貌或为学之初与最高境界的关系之中。概而言之有

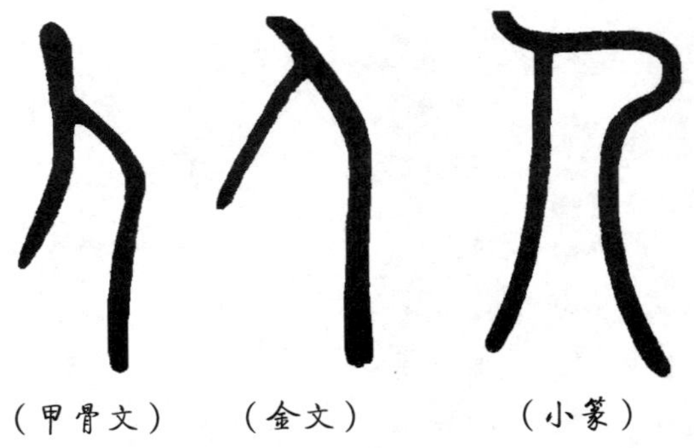

（甲骨文）（金文）（小篆）

两层意思：一是天人一致，宇宙自然是大天地，人是一个小天地，且人体的“小宇宙”中藏着天的“大宇宙”；二是天人相应或天人相通，人和自然在本质上是相通的，一切人事均应顺乎自然规律，达到人与自然和谐。

《周易·乾卦》说：“‘大人’者与天地合其德，与日月合其明，与四时合其序，与鬼神合吉凶，先天而天弗违，后天而奉天时。”战国的子思、孟子认为人与天相通，人的善性天赋，尽心知性便能知天，达到“上下与天地同流”。《黄帝内经》更喜谈天人相应，强调人“与天地相应，与四时相副，人参天地”，“人与天地相参也”，“与天地如一”。西汉董仲舒强调天与人以类相符，“天人之际，合而为一”，引申为天人感应之说。据学者张岱年考证，明确提出“天人合一”的是北宋张载，《正蒙·诚明》说：“儒者则因明致诚，因诚致明，故天人合一。”

众家学说中，道家的天人观别具特色。庄子认为“天地与我并生，而万物与我为一”，这里的“天”就是大自然，人是大自然的一部分，人与天本来是合一、相通的，只是人的主观区分破坏了统一，变得与自然不协调。人类修为的目的，便是“绝圣弃智”，打碎各种藩篱复归于自然，达到 “万物与我为一”境界。

人的生命是长期适应大自然的结果，自有其生长规律，衣食住行理应与大自然保持一致。比如大自然有四季，什么季节长什么东西，打破自然规律吃反季节蔬菜瓜果，冬天吃西瓜，夏天吃大白菜，甚至吃自然界本不存在的转基因食品，完全违背了自然规律，长远而言很不安全；大自然有天南地北，一方水土有一方水土的天性，故曰一方水土养一方人，尽量吃当地的，并适应当地的饮食习惯；大自然有昼夜晨昏，人的作息时间也要与之相应，吃得好还要睡得好，无故长期熬夜，你不生病谁生病？再如，天地本无私，私心太重、欲望太强必定蒙蔽智慧，为钱财权位所累，最终身心俱疲。

大道至简，真理都很简单，宇宙的法则本来如此，日常生活自然也要如此。我们不要迷信科学，不要被高科技的幌子迷了双眼。科学的发现往往是顺应自然的结果，但科学的应用却往往在反自然，这是一个悖论，也是人类的悲剧——科学确实让我们的生活更快捷、更舒适，但科学并没有让我们更幸福，防不胜防的食品添加剂，就是一个突出的例子，它们都曾是科学的骄傲。一味强调人定胜天必定自食苦果。古往今来，好日子与高科技无关，与物质财富的多少也无关。人应该顺应自然规律，与大自然保持一致地生活和工作，并与之和谐相处，就像古圣先贤说的那样——天人合一——体现的是大智慧，收获的自然是自己与家人一生的身心健康。

万世师表孔圣人

“师者，所以传道授业解惑也”，老师就是传授道理、道义、道德和讲授学业、答疑解难的人。所谓教书育人，老师不只是“教书”，更要“育人”，提升学生的品质内涵和人格修养，故曰“一日为师，终生为父”，也因此有“师父”之说。人在成长阶段，如能遇到明师指点，实乃人生之大幸。一个人如此，一个民族何尝不是？那么，中华民族的恩师是谁呢？在回答这个问题之前，先弄明白“师”字为何。

“师（師）”是个会意字，从“帀（音匝）”从“𠂤（音堆）”。𠂤是小土山，帀是包围，四周都是小土山，表示众多，本义是古代军队编制的一级，二千五百人为一师。后引申为军队、有谋略的人，

再引申为今日常用的传道授业解惑的“老师”；能传道授业解惑者自然是学习的榜样，于是又有了“效法”之意。

追根溯源，孔子是我国伟大的教育家，可谓天下第一师，两千多年来，一直被奉为至圣先师、万世师表，是中国传统文化的代表人物，北京奥运会开幕式上多次吟诵的就是老先生当年的话语，现在我国对外汉语教育和文化交流的机构孔子学院（有的称孔子学堂）依然是选择孔子作为品牌。

孔子之为师，师在他开平民教育之先河，破除了此前只有贵族才能接受教育的传统，是中国私人讲学的开创者，也是系统传播中国古代文化第一人。老先生有教无类，不管地位贫贱，无论聪慧愚钝，只要送来十条干牛肉，就收为学生：“自行束脩以上，吾未尝无诲焉”（《论语·述而》，束脩即十条干牛肉）。入学之后，老先生根据每个学生的性格特点因材施教，循循善诱，着重以德育人，以培养学生的理想人格。老先生一生诲人不倦，桃李满天下，《史记·孔子世家》载：“孔子以诗书礼乐教，弟子盖三千焉，身通六艺者七十有二人。”

孔子之为师，师在他彪炳千古的光辉思想。中国文化自黄帝、尧、舜、禹、汤、文武、周公一以贯之，绵延不绝，但到了孔子所处的春秋时代，礼崩乐坏，社会纲纪紊乱，战乱频繁，民不聊生。孔子本乎仁爱之心，志于济世救民，周游列国向统治者宣扬周礼，以推行仁政、德治，但处处碰壁。13 年之后回到鲁国，集中精力聚徒讲学，并编写整理了《诗》、《书》、《礼》、《乐》、《易》、《春秋》（后被统称为六经，其中《乐》失传，留存五经），把此前的古文明典籍传之后世。此时的孔子“祖述尧舜，宪章文武”，既昭往圣，又启来贤，点燃了人们心中的道德明灯，让大道光明灿烂于世间，成了华夏文化承前启后的中坚人物，恰如近代史学家柳诒徵先生说的：“孔子者，中国文化之中心也。无孔子则无中国文化。自孔子以前数千年之文化，赖孔子而传，自孔子以后数千年之文化，赖孔子而开。”也即元朝成宗皇帝在加封孔子为“大成至圣文宣王”时说的：“先孔子而圣者，非孔子无以明；后孔子而圣者，非孔子无以法”，亦即孟子所说的“孔子之谓集大成”——孔老先生奠定了中国文化的雍容气象与中和特质，使中国文化五千年而一贯，实乃中国文化的灵魂与象征。

正是孔子至圣先师的地位，近年来，不断有学者提议以其诞辰（史载夏历八月二十七日，西历 9 月 28 日）为教师节（台湾的教师节即为 9 月 28 日），赋予教师节更多的人文意蕴，通过节日的形式缅怀、追思这位文化巨人，更重要的是通过这种形式唤醒、增进国人尤其是年轻人对中国文化的认同和皈依，为中华民族的伟大复兴提供厚实的文化基础和强大的精神动力，为人类文明作出更大的贡献。

儒者，人之需也

儒，从“人”从“需”，图为小篆的写法，本是从巫、史、祝、卜中分化出来的、熟悉诗书礼乐而为贵族相礼的人。因为是有道之士，故从“人”；学者乃人之所需，故从“需”。《说文解字》曰：“儒，柔也，术士之称”，即性格温和、有修养的人，泛指知识分子。现代学者张舜徽在其《<说文解字>约注》中说：“汉以上凡有道艺以教人者，皆得谓之儒。”

中国人自古就注重礼，凡婚丧、祭祀等大事都有其规范的礼仪，各种礼仪必有专人主持，于是就有了专职为他人办理婚丧、祭祀礼仪的司仪，慢慢形成了一种相对独立的职业，这就是早期的儒（或称术士）。孔子就曾做过儒的工作，也因此，他所创立的学派在先

（小篆）

秦的百家争鸣中被称为儒家。

儒家是在总结、概括和继承夏商周三代文化的基础上形成的一个完整的思想体系，其主要内容是“祖述（遵循）尧舜、宪章（效法）文武”，崇尚“礼乐”和“仁义”，提倡“忠恕”和不偏不倚、无过不及的“中庸”；政治上主张“德治”和“仁政”；重视伦理道德教育和自我修身养性。先秦时，儒家虽是很有影响的学派，但只是百家之一，无所谓主从。在秦代和汉初，儒家甚至遭到排斥，尤其是在秦始皇“焚书坑儒”时受到重创。到了汉武帝时，儒家时来运转，董仲舒以儒家为核心，杂糅以百家，提出“天人感应”，将天道与人道相比附，并提出“三纲五常”，借天意把统治秩序神圣化。汉武帝采纳了董仲舒的建议，“罢黜百家、独尊儒术”，开以儒学为正统的先声。自此，儒家成了中国的思想与文化主流，在绝大多数历史时期是中国的官方哲学。后来，宋明理学又借佛、道入儒，把抽象的“理”（实指有关伦理准则）提到永恒的、至高无上的地位，朱熹甚至提出“存天理、灭人欲”，某种程度上在“以理杀人”。宋明理学作为儒学的新发展在南宋以后一直居于正统地位，有力维护了专制制度。

历代相沿，儒学被神圣化的同时也被异化尤其是被教条化，这也是近代以来被人诟病的主因（这个账当然不能都算在孔子头上），然综观历史长河，儒学虽带有不同时代的文化烙印，仍大体保持着其仁爱、和谐的精神特质，为人类文明作出了不可磨灭的贡献。

但西方“工业革命”以来，看得见的、强势的经济与科技一统天下，人文思想丢弃一边，中国的儒家更被迫退出历史舞台。然环顾今日世界，缺失人文道德使物质崇拜、迷信科学万能成为时代潮流，只要 GDP 上去了，便一俊遮百丑。当我们的肉体有了足够的物质保障后，我们的心灵却失去了应有的道德规范——人的灵与肉严重分离，导致人与自然、人与人日益疏远、越来越隔阂，当今世界的诸多乱象如环境危机、生态失衡、道德沦丧、物欲横行、心灵空虚孤寂、各种精神疾病等等，都与此有关，而且哪一样都深刻影响着人类社会的健康发展——人类的命运、地球的命运受到了严峻挑战。在这样的背景下，古老的儒家思想再一次受到有识之士的重视。儒学的重心不在自然，而是着眼于人与社会，在这些永恒的课题上建立了具有永恒价值的思想体系，即使在现代化的今天依然可以也应该发挥重要作用，因为不管物质生活如何发展，人都不能缺失人文关怀而成为“空心人”，而人文道德教育正是儒家的强项。从这个意义上说，儒学是跨越时空的，是中国的也是世界的。

忙里偷闲读经典

上了年纪的人，形容一个老先生有文化，常说“这老先生是读过‘经书’的”；《红楼梦》中贾政怒斥公子哥宝玉“整天不读四书五经，只看些浓词艳赋，成何体统？！”近年来，随着传统文化的复兴，各种各样的读经班不时进入我们的视野……“经书”都是些什么书？读“经”读的是什么？

经（經）的古字为“巠”，像织布机上的纵线之形，后加意符“糸（音秘）”，成为形声字，本义是织物的纵线，与“纬”相对。由此引申为南北走向的大道，由道路之“大道”再而指普遍的道理、法则、规律等，如妇女每月一次的周期性子宫出血叫月经；那些讲宇宙人生的大道理、可作行为准则的智慧典籍也叫经（经典即由此

（金文）　（金文）　（小篆）

而来）。因为经线相对恒定不动，故“经”有稳定的意思，如经常；因为经线有条有理，“经”又有了治理之意，如经商。

经典是指具有典范性、权威性的、经久不衰的著作，尤其是那些重大原创性、奠基性的著作更被单称为“经”。古时孩童上学先读《三字经》《百家姓》《千字文》等启蒙读物，打下这些基础后，就正式读经书，也就是我们常说的四书五经或十三经等等。

四书五经、十三经的形成经过了相当长的时期。汉代以《易经》、《诗经》、《尚书》、《礼记》、《春秋》为五经（本为六经，传说秦始皇焚书坑儒后《乐经》失传，因称五经）。五经代表的是中国上古时代文化思想的精华，《论语》将其定义为“皆雅言也”，意为言辞高雅、能使人思想纯正。唐代加《周礼》《仪礼》《公羊》《谷梁》为九经；开成年间刻石国子学，又加《孝经》《论语》《尔雅》为十二经。南宋硕儒朱熹以《礼记》中的《大学》、《中庸》与《论语》、《孟子》并列，形成了四书（自此有了四书五经之说）。至此，儒家的十三部文献确立了它的经典地位。十三经包含着深刻的关于宇宙人生的大道，尊崇地位深入人心，对中国的影响无时不有、无处不在，时至今日，仍具有超越时空的积极意义。当然，在中国文化史上，能称得上“经”的典籍不止这些，如《老子》、《庄子》在道教中分别被称为《道德经》、《南华经》；佛教禅宗六祖慧能的言行也被集录整理为《六祖坛经》，这些同样值得后人细细品味。

在古代，学问有小学、大学之别。“大学”即大人之学、大学问，是治国安邦、完善人格的学问（《大学》书名即是此意）。“小学”是相对“大学”而言，因儿童入小学先学文字，汉代始称，隋唐以后范围扩至文字、训诂、音韵（每个字都含形、音、义）。“小学”一开始是指为贵族子弟设置的初级学校，《大戴礼记·保傅篇》云：“古者年八岁而出就外舍，学小艺焉，履小节焉；束发而就大学，学大艺焉，履大节焉。”

“博士”一词战国时为学官名。秦及汉初，博士主要是掌管图书、通古今以备顾问。汉武帝建元元年（公元前 140 年），诏举贤良方正、直言推陈之士，帝亲策问。董仲舒对曰：“《春秋》大一统者，天地之常经，古今之通理也。今师异道，人异论，百家殊方，指意不同，是以上无以持一统，法制多变，下不知所守。臣愚以为，诸不在六艺之科、孔子之术者，皆绝其道，勿使并进。”武帝采纳，遂“罢黜百家，独尊儒术”。建元五年武帝为《易》、《礼》增置博士，与此前的《书》、《诗》、《春秋》博士合为五经博士，教授弟子，从此博士成为专门传授儒家经学的学官。五经博士的设置，使得通晓儒家经典成为做官食禄的主要条件，儒家以外的百家之学失去了官学中的合法地位，从而确立了儒学权威地位。

今天，我们生活在物质非常丰富的时代，然而我们是否同步幸福？恐怕没有。物质再丰富也无法替代精神的满足——心灵空虚的人很容易跌入无限追求物欲的怪圈，而要使人精神充裕只有靠智慧。所以，不妨到古圣先贤的经典中寻找把握自己与世界的智慧，营造自己的精神家园，以走好人生的大道。

为死记硬背正名

滚瓜烂熟、倒背如流，熟背经典是古代读书人必不可少的“童子功”，看起来毫无用处、浪费光阴的背诵伴随着中华文明传承的始终。古人为何重视背诵？难道古人都是在无谓地浪费时间吗？熟背经典就是智商不高的死记硬背吗？我们不妨从“背”字谈起。

说“背”之前先说“北”。“北”是个会意字，古文字皆从二人相背，本义指脊背。概因物性向阳，人们生活多面南背北，故而引申为背向的一方，即与正午阳光相反的北方，而其本义加肉（月）为“背”。“背”由脊背引申为物体的背面或反面如背面、刀背，避开、离开如背井离乡，凭记忆诵读出来如背诵等。

顺便说说“比”与“从”，甲骨文都是两个人前后而行，只是

（小篆）

方向相反（亦有专家认为相同），《说文》：“二人为‘从’，反从为‘比’。”“比”喻亲近、勾结之意。孔子曰：“君子周而不比，小人比而不周。”意思是君子为人亲和亲厚，以公正心对待人，团结而不勾结；小人为人处世常见私心，勾结而不团结，甚至结党营私。

记忆是人生最好的老师，其实就是文化储备。没有记忆就没有积淀、积累，没有积淀、积累何谈提升，只能在原地踏步，这也是人与动物的根本区别之一。人越小记忆力越好，这就像海绵的吸水能力，新海绵的吸水能力肯定比旧海绵的吸水能力强，使用时间越长吸水能力越差。因此，少儿时期是人的一生中记忆能力最好的黄金时期，记得快、记得多、记得牢。

传统文化讲究死记硬背自有其理：儿童是人生记忆的黄金时段，好比是阳光明媚的春天，经典就是好种子，记忆则是播种耕耘。在春天播下好种子，生根发芽、茁壮成长，从而才有秋收冬藏。有人说光是记忆不理解有何用？不是白耽误工夫吗？传统经典的意义前文已讲，不再赘述，这里只谈记忆。人之初的记忆如牛吃草，不必当即理解，无需担心消化不良，随着年龄和阅历的增长，到时候一点就通，一如牛的反刍，自然会体悟、理解其中的道理。也就是说，先有记忆再谈理解；没有记忆理解什么？恰如孔子说的：“不愤不启，不悱不发”，学生不到冥思苦想而仍不能领会的时候，不去启发他；不到想说而又说不出来的时候，不去开导他（这就是“启发”一词的来历）。文义一旦理解了，就迅速化进自己的生命深处，从而与古圣先贤对话，传承、发扬先人的智慧，站在圣贤的肩膀上继续前行，并一辈子取之不尽、用之不竭，为提升他的生命质量提供无限的能量，古往今来的大师莫不如是。

现在，我们反对死记硬背，讲究科学理解，有人说小孩子懂什么，等长大了、有理解能力了再教，这是典型的、知识技能型的西式教育理论。教自然科学类的东西，需要用这种办法——按部就班，懂了再教，超越不得。但世间偏偏有很多东西不属于自然科学的范畴，比如道德伦理、哲学思辨、音乐美术等等，而这些人文的精华恰恰是一个人内在灵魂的东西，需要记忆，讲究耳濡目染与熏陶——人之初就如一张干净的白纸，你画什么就是什么，因此你教他什么，他就理解什么；你能教多深，他就能理解多深。孩提时代，你说“爸爸、妈妈”他不也是不懂吗？但普天之下没听说哪个爸爸妈妈因此而不教！退一万步讲，记忆本身就是一个人智商与能力的反映，一个傻子能记忆多少东西？我们不能武断地认定古人都是在死读书、读死书，把熟背经典一概贬斥为毫无意义、落后保守的死记硬背。

清亡一百多年来，我们成功“唾弃”了熟背经典的传统，铲除了继承传统文化的土壤，这直接导致今日国学大师的稀缺，而他们恰恰是一个国家与民族的灵魂，或曰是精神脊梁与文化标杆，乃“民族之心”、民族之象征，他们的思想、成就和品格启迪着后来者的智慧与良知。如今，每一位成长于清末民初的国学大师的谢世，都让我们无限惋惜、感慨：现在怎么就培养不出国学大师？

怎么就培养不出国学大师？我们应该反省自问：培育国学大师的大小环境还存在吗？

世间万物和为贵

参观故宫的人都知道，故宫三大殿太和殿、中和殿、保和殿都有一个“和”字，堂堂皇家建筑，天下之最尊，为什么取名时同选一“和”字？奥秘就在“和”字中。

和（龢，亦作咊，简化字古已有之），从龠（音月，上古时的一种乐器），禾声（也兼表如禾般一致之意）。古文字形中的“冊”像捆在一起、排列有序的竹管，应是编管类的乐器，其上加“口”表示口吹乐器，“亼”为“聚集”，此处意为将竹管捆编在一起。本义是声音相应、谐调地跟着唱或伴奏。从其本义引申出调和、和谐、温和、柔和等众多义项，继而又引申为跟、同等义，而不同的含义读音往往相异。

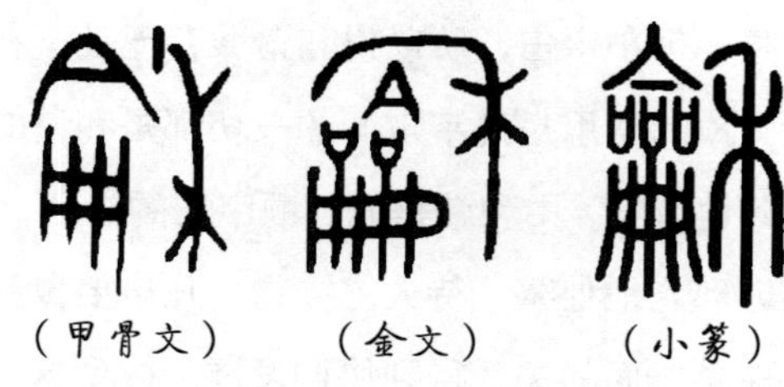
（甲骨文）　（金文）　（小篆）

《论语》云：“礼之用，和为贵”，这里的“和”是指“无相夺伦”、互不侵犯，也就是谐而不乱、相安无事，故往往“和谐”连用。以和为贵、和而不同的和谐精神，是中华文化的精髓之一，但和谐不是死气沉沉、一无所为或老死不相往来，而是相互激励、相互促进充满活力的统一。和谐包括人自身的和谐（或曰身心和谐）、人与人的和谐、人与自然的和谐。人首先要身心和谐，整天追求这追求那，欲壑难填，或者看谁都不顺眼，老是愤愤不平，就不可能心平气和。心能平，才有和可言；心不平，对立、仇恨随时而生，伤心伤身。与人相处也要牢记一个“和”字。世界上不可能有一模一样的东西，差异存在是必然的，人要在差异中寻找共同点和契合点，学会共存共荣。小的和谐，在于家人、同事和睦，少一点斤斤计较，多一些宽容大度；大的和谐，在于国泰民安，少一点贫富差距，多一些均衡发展。宋代张载提出“天人合一，民胞物与”的思想，意思是说天地犹如父母，人与万物都是天地所生，外人也是我的家人，万物都是我的朋友，因此，不仅要与人为善，还要与大自然为善。人可以认识自然并加以改变调整，但对自然的改造要与自然协调，不应破坏自然，反之，必将受到惩罚。

回到本文开头的话题。宇宙本来是和谐圆融的整体，人身就是一个小宇宙，所以说和谐共存无处不在，宇宙的法则本来如此，太和的意思是说宇宙间的一切都是和谐的（即使暂时失序也可以得到协调）。中和就是能随顺宇宙的法则，用“中”——至诚无偏心、无邪念地处事、待人、接物，凡事要做到不偏不倚，恰如其分才能使各方面的关系得到协调发展。做到这一点，在人自身，则心平气和、健康长寿；在家，则家庭和睦；在国，则国泰民安；在全球，则世界和平。保和的意思就是要保持事物间的协调关系，亦即与“太和”之道相应的“中和”之道要代代保持下去。展阅中国历史，王朝倾覆的原因无不由于“和”不“保”所引起。

“和”是容宽的表现，也是理性与智慧的体现。数千年来，和的观念已深入人心，如常听的家和万事兴、和气生财、政通人和、安和乐利等，无不是社会祥和、天下太平的描述。和为贵的观念，对匡正今日世界的种种弊病，不无裨益。和之道，大矣哉！

养儿不教，不如不要

儿（兒）字的甲骨文字形，像一个婴儿的形状：身小头大，下面是古文字“人”的异体字，上面像小儿囟门未完全愈合。但也有古文字专家说“儿”的甲骨文字形像未成年人总角（束发为两髻，形状如角）之形。“儿”的本义即指婴幼儿，泛指孩童。

古人云：“至要莫如教子。”民谚又曰：“养儿不教，不如不要。”《说文解字》道：“育，养子使作善也”。教育的本质是传承文化，完善人格，让人成为人本身，而不是成为工具或标准件。所以，教育应以道德为手段提高人的生命质量，而非以竞争为手段提高人的

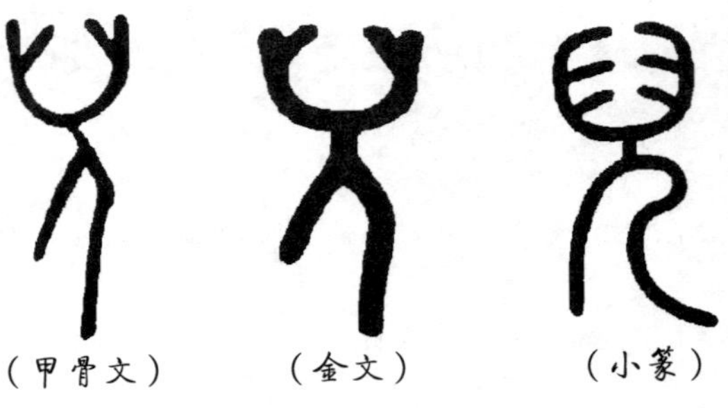

（甲骨文）　（金文）　（小篆）

生活质量。仅拼命给孩子灌输知识，让孩子上各种各样的技能培训班，以求长大后能谋一份好工作，这远不是教育的真谛。没有文化传承，生命就成了无源之水，无本之木：如果我们的心灵中缺失诗意，记忆中缺失历史，思考中缺失哲理，生活中缺失道德，能称得上是完整的人吗？终极的人文归宿又在何处？现实中那些有知识没文化、有学历缺智慧的人我们见得还少吗？所以，应该多用那些对终身都有价值的、最适性的、原创性的、源头活水般的经典传统文化温润孩子幼小的心灵，孩子长大了自然会体悟出古圣先贤的深刻而受益终生。只有具备高尚人格的人，才是完整的人，才可能有完美的人生。

教育专家说，幼儿家庭教育是人的一生中非常关键的教育，往往是有什么样的开始，就决定着什么样的人生走向，即所谓“种瓜得瓜、种豆得豆”，父母在孩子初长时播下什么种子，将来就会开什么花结什么果，俗云“一生成败看童年”、“三岁定终生”说的都是此意。

史载孟子三岁丧父，靠孟母纺纱织布度日。孟家附近有一块墓地，送葬人群经常从家门口经过，孟轲遂模仿起哭丧的样子。这样的环境自然不利于孩子的成长，孟母便把家迁到了城里，但很快孟轲又有模有样地学起做买卖的游戏，孟母觉得那里也不是儿子读书之地，再次搬家到学宫对面。耳濡目染之下，小孟轲变得知书达理，孟母这才放心。小孟轲稍长上学后，天长日久出现了懈怠之情。一日又逃学回家，孟母毫不犹豫地拿起剪刀，把正在织布的经线齐刷刷地剪断，并让孟轲再接起来。无奈覆水难收，小孟轲大惊。孟母则当机教子："线断了就不可能再接起来织成布。读书也一样，每天都要用功，经过长时间的积累，才能有成就。像你这样不用功，怎么能够成就大业！"孟轲非常惭愧，自此勤学不已，终成"亚圣"。

"五子登科"说的是五代后周时，燕山府（今北京一带）人氏窦禹钧记取祖训，教导儿子仰慕圣贤，为人处世勤勉诚信。结果，五个儿子仪、俨、侃、偁、僖都品学兼优，相继登科及第，窦禹钧本人也享八十二岁高寿。当朝太师冯道特地赋诗一首："燕山窦十郎，教子有义方；灵椿一株老，丹桂五技芳。"传统蒙学读物《三字经》则有感而发："窦燕山，有义方，教五子，名俱扬"。后由此演化的"五子登科"吉祥图案，寄托了天下父母望子成龙的美好愿望。

有知识不等于有文化

“文”是个象形字，古文字像胸前有文身的人形，本义即指各色交错的纹理，故《说文解字》云：“文，错画也，象交文”。后来，“文”由有形的“纹理”引申为包括各种无形的象征符号如文字，进而扩展包括文物典籍、礼乐制度等等。我们常讲的“天文”，说的就是日月运行交错文饰于天，也就是天道自然规律；而社会生活中人与人之间纵横交织的关系，如君臣、父子、夫妇、兄弟、朋友构成的复杂网络以及形成的各种文化现象则称为“人文”，即人类社会的规律。

《易经》曰：“观乎天文，以察时变；观乎人文，以化成天下。”

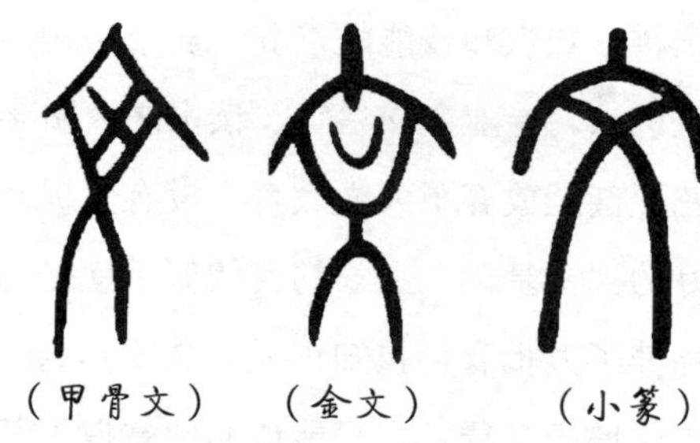

大意是说治国者需观察天文，以明了时序之变化，又需求观察人文，使天下之人均能遵从文明礼仪，行为止其所当止。这里，《易经》把“人文”与“化成天下”紧密联系，“化”是改造、教化、培育之意，指事物形态或性质的改变，引申为教行迁善。所以，文化的本义就是“以文教化”，表示对人性情的陶冶、品德的教养，与无教化的质朴、野蛮对举。

那么，用什么样的“文”来“化”年青后学呢？孔子说：“弟子入则孝，出则弟，谨而信，泛爱众，而亲仁。行有余力，则以学文。”意思是说年轻人应该先学做人，在家要孝顺父母，出门要敬重兄长，谨慎而有信用，博爱众人，亲近有仁德的人，做到了这些如果还有精力的话，再来学习各种文化知识，因为做人是世间最大的学问（“四书”之一的《大学》即指此意），也是最大的“文”。由此可见，中国的传统教育强调的是道德教育，目的是使人成为人格完整的人，最终使人能与这个世界和谐相处，表现为给自己以身心和谐、给他人以道德关爱、给自然以人文敬畏。

但清末以降，在国力衰微、列强入侵的大背景下，国人急切要救亡图存、富国强兵，于是大量引进西学，中国教育快速嬗变，人文教育传统逐渐被舍弃，影响深远。君不见，现在的教育过分强调科学知识和技能的培养，实用心理、职业技能成了教育的主要价值诉求，专业主义盛行，读书之人多半孜孜于所谓专业研究，严重忽视甚至放弃了人文教育，没有为提升学生一生的生命质量打下良好的人文基础，上学的目的似乎就是为了将来能找份好工作，结果培养了大批有科技知识无人文修养的学人。一个人，即使拿到了硕士、博士文凭，也只能说明他掌握了某些知识，并不能说明他达到了相应的文化高度。如果连做人的道理都不懂，谁敢说他们有文化呢？日常生活中不乏“知识库”式的年轻人，谈起来滔滔不绝，似乎无所不知，但往往只见科技知识不见人文修养。

孔子说：“君子不器”。一般理解为君子不像器具那样，仅限于某一方面才能，应该多才多艺。其实，老先生的真实意思是：有文化的人不应该执着于具体的实用和功利之学，追求那些看似无用的大道比追求一时有用的小术更可贵。“士志于道”，有文化的人可以有专业但不执于专业；不能只安于营生、过度钻研细节而疏于俯仰天地之宏观。文化是一个人无形的人文素养的综合表现，是生命体中灵魂的东西，不是技术层面的标签式的知识。有文化，才能在喧哗、浮躁中静定安然，时潮也好，变局也罢，文化人的心中，自有一方清平世界；有此清平世界，才可能安已、安人、安天下！一个没有文化的人，知识再丰富，心灵也没有最终归宿，生活中一遇风吹草动，内心就缺乏安顿感。环顾当今社会，光鲜亮丽的忙碌外表下，多的是无奈、烦闷、无助，这些内心的痛苦知识肯定解决不了，只有靠文化——人的生命质量最终取决于其文化的有无与高下。庄子曰“人皆知有用之用，而莫知无用之用也”，文化不是实用与功利的，看起来“百无一用是书生”，但无用之中有大用。

中学西学比较谈

清末洋务派代表人物张之洞曾大力倡导“中学为体，西学为用”，强调“中学为内学，西学为外学；中学治身心，西学应世事”，认为西学在器物上胜过中学，但在基本的思想道德人心和制度方面则不如中国。是耶？非耶？不妨从“学”字谈起。

“学”与“教”同源，是会意字，甲骨文像双手摆布算筹形，表示学习计算，金文下边算筹讹化为“冖”并加“子”，表示教孩子计算，或加攴（音扑，手持棍形），以强调督责指导之意，本义是对孩子进行启蒙教育使之觉悟，引申为效仿、获得知识，如“子曰学而时习之不亦说乎”，此即“学习”一词来源；再引申为传授知识的地方，如学校；掌握的知识，如学问、博学；分门别类有系

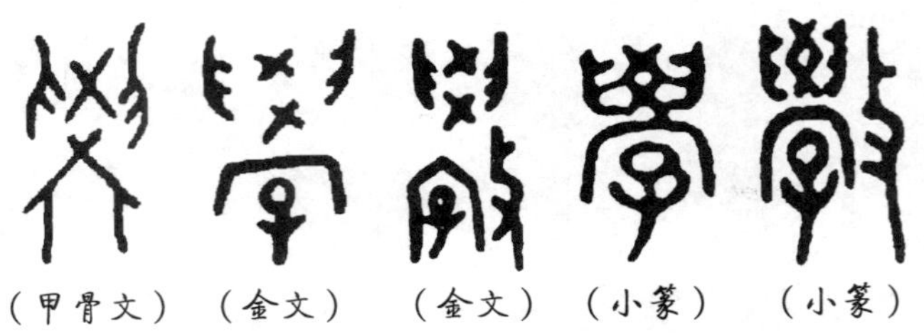
（甲骨文） （金文） （金文） （小篆） （小篆）

统的知识，如数学、哲学等。

一个民族的文化特质是该民族在特定的地理环境中经过长期的社会实践而创造、积淀形成的。西方文明的源头主要是古希腊文明，地中海沿岸近海多山，土地面积狭小，分散成许多小城邦，周围有许多海岛，不利于农业生产，适合航海，意味着要面对喜怒无常的狂暴大海，人与自然是对立的，天人分离。华夏民族文化发育于黄河之内陆，幅员辽阔，腹里纵深，有广阔的回旋空间，加上适宜的气候、丰富的自然资源，主要从事农业生产，讲究天人合一。

从思维方式上看，西人注重思辨与分析实证，明确区分主客、物我，剖析局部再加以综合（天人二分的机械综合论），讲究理性，以求达到对自然本体的认识。中国人注重直观、整体、经验，泯除主客观界限，力求在精神领域追求天人合一（天人合一的有机整体论）。故西人重求知（求客观真理）、求真，侧重于对物质世界的本质、内在结构和发展规律的研究，重自然、重物质，力图达到对自然界至真完满的解答，推动了科学的发展；国人求道（求可行之道）、求善，重情感，侧重于把社会伦理道德作为其研究对象，重社会、重人事，追求人间的至善至美，曾为礼仪之邦。西人过于强调具体的部分而忽视部分与整体的关系，常常一叶障目不见泰山；国人侧重于直感体验和整体的综合，长于从事物整体发展上综合把握事物的内在联系，但因不注重实证、分析，故对事物的认识常有很大经验性、或然性乃至神秘感，中医与西医就是例证。从价值取向看，西方人注重以自我为中心，重个人、重竞争；中国人注重群体、重和谐。也因此，西人平等意识比较强，国人等级观念比较重。从行为规范上看，西方人重利、重法，中国人重情、重义。

中西方文化的差异，可以简单地从评析一幅画来分别：西方人喜欢用“不对即错”的简单二分法评判，是否焦点透视法，尤其是人物画更要看是否符合人体解剖学原理，符合的则对，不符合的就错；中国画不讲究这些，讲究意境、意象，所以国人喜欢用“好与不好”的综合意象法评析高下。

不同的地理环境，不同的社会实践，让不同的民族把握世界的侧重点与路径、方法不一样，从而产生了文化的差异，正是这种差异才有今日世界的五彩缤纷，但文化没有对错之分，没有最好、只有更好。我们面对一个水果，叫“苹果”还是叫“apple”，哪个对哪个错？如果非要弄出个对与错，让西方文化一统天下，必定大乱。一个自卑的民族就不会尊重自己的文化，一个精神上“无根”的民族也就不会有与其相称的“软实力”。生为中国人，文化心理上，我们应该学习西方文化的长处，但大前提是先传承好祖先的文化遗产，不能数典忘祖。

外练筋骨皮，内练一口气

气功、气息、气概、元气……气，是中国古代哲学和中医学中常见的概念，究竟什么是气？这还要从“气”字正本溯源。

“气”是个象形字，甲骨文像云层形，因与数字“三”易混，金文与小篆稍加弯曲像云气升腾之状，本义即指云气，引申泛指一切气体；再引申为自然界冷暖阴晴等现象，如气候、气象；转而指人的精神状态、道德境界，如气质、气概，或愤怒的情绪、发怒等等，含义非常广泛。

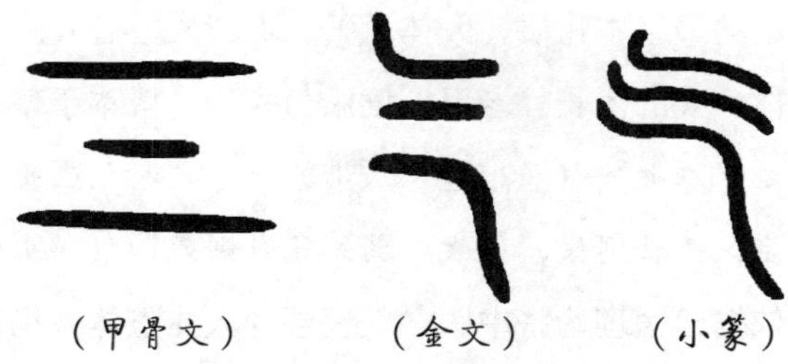

在中国传统文化中，世界的本原问题曾被深度思辨，众多先贤大哲陷入“长考”，并由此形成了灿烂众多的学说派别，如老子认为“道”是构成宇宙的本原，但同时也有很多思想家认为，作为一种极其精深微妙的物质，“气”才是构成世界万物的本原（或本体，即气一元论），其大无外，其小无内，非形体但却是形体之本，是构成天地万物的最基本元素，也是天地万物感应融和的中介。气和物是统一的，“善言气者，必彰于物”（《素问》）。运动是气的根本特性，阴阳是气的固有属性（气分阴气、阳气）。

气是如何构成万物的？这涉及“理气”问题。“理气”即理和气的关系，这里的理指的是事物的条理、规则或规律，先秦思想家对理和气多有论述，宋以后，二者的关系更成为宋明理学争论的中心，如理学集大成者朱熹就认为“理在气先”、“理生气也”，以为理是最根本的，气是从理产生的。

“气一元论”作为一种自然观奠定了中医理论体系的基石。中医认为气是生命的本原，人禀天地之气而生。具体来说，中医的气是指运行变化于体内，维持生命活动和推动脏腑组织功能的精微物质，如肾气、中气等。换言之，气是构成人体、维持人体生命活动的最基本物质，人体是一个不断发生着升降出入的气化作用的机体。人的生长壮老已，健康与疾病，皆本于气，故曰："气者，人之根本也"（《难经 · 八难》），"人之生死，全赖乎气，气聚则生，气壮则康，气衰则弱，气散则死"（《医权初编》）。有学者依据西医理论将中医之气理解为人体整体或局部的生理功能，如补气，就简单明了地理解为用药物来调理、增强五脏六腑的生理功能，使之发挥正常作用。中药也经常说到气，这里的气特指药性，《神农本草经》说："药又有寒、热、温、凉四气"，别具文化情趣。

气功是中医的重要组成部分，历代医家都很重视。具体说来，气功是一种以呼吸的调整、体势的调整和意念的调整为手段，以健身延年、防病治病、开发人体潜能为目的的一种身心锻炼方法（即调息、调形、调心，三调是统一的整体，以调心为核心）。气功在我国有悠久的历史，在两千多年前成书、我国现存最早的医学经典《黄帝内经》中，对气功的练习方法、理论和治疗效果等内容就有记载。传统武术与气功更是密不可分，所谓"外练筋骨皮，内练一口气"，就是指武术与气功的结合。但在古书记载中很少见"气功"二字，通常被称为吐纳、导引、行气、服气、内丹术、坐禅等等，偶尔出现"气功"的提法，亦无完整的解释，直到20世纪50年代，民间医家刘贵珍在《气功疗法实践》一书中写到："'气'这个字，在这里代表呼吸的意思，'功'字就是不断地调整呼吸和姿势的练习。"一般认为"气功"从此被确定和传播开来。由于东西方文化的差异，国外有学者将深具中国文化的气功译为"深呼吸锻炼法"，显然未领悟气功的真谛。

生气是拿别人的错误惩罚自己，所以不生气不仅是一种风度，更是一种精神境界，是生命之树常青的有力保障。虽然说“忍”字心上一把刀，但忍得一时之气，免得百世之忧，在这样一个容易烦躁的时代，时刻保持心平气和尤为不易。最后，不妨一起来感悟《莫生气》中的几句：为了小事发脾气，回头想想又何必。别人生气我不气，气出病来无人替。我若气死谁如意，况且伤神又费力……

重阳之日话阴阳

甲骨文的“阳（陽）”是个会意字：左边的“阝（阜）”表示无石土山；右上部是“日”，下部是表示阳光照射的符号（也有学者认为是树杈），表示阳光照在山坡上，本义指的就是山的南面或水的北面（因为阳光最强时总照在山坡的南面或河流的北岸），多用于地名，如衡阳（衡山之南）、洛阳（洛河之北）。从其本义又引申为日光、太阳，再引申为突出的、表面的、外露的等等。而阳与阴组合为“阴阳”后，其含义则被极大地丰富了。

上古时期，先民体悟到自然界的一切现象都存在着相互对应又相互作用的正反两方面，于是就用阴阳这个概念来解释自然界这种对应和相互消长的气或物质势力，并认为阴阳的对应和消长是事

（甲骨文）　（金文）　（小篆）

物本身所固有的，故老子云“万物负阴而抱阳”，《易传》进一步曰：“一阴一阳之谓道”，把阴阳交替看作宇宙的根本规律，认为世间一切事物发生、发展、变化及消亡，都是阴阳二气运动的结果，并用阴阳来比附社会现象，如上下、君民、夫妻等关系（西哲中与阴阳概念最为接近的是强调“对立”的矛盾，但阴阳强调的是对应与对等，矛盾的含义不及阴阳丰富，更没有阴阳平和的特质）。

一般来说，凡是剧烈运动着的、外向的、上升的、温热的、明亮的，都属于阳；相对静止着的、内守的、下降的、寒冷的、晦暗的，都属于阴。阴和阳，既表示相互对应的两个事物，又用来分析一个事物内部存在着的相互对应的两个方面（如果被分析的两个事物互不关联，或不是统一体的两个对应面，就不能用阴阳来区分其相对属性）。但阴阳双方是互相依存的，任何一方都不能脱离另一方而单独存在（如上为阳下为阴，没有上也就无所谓下），而且事物的阴阳属性也不是绝对的，一定的条件下，可以相互转化（如某男张三相对于其妻属阳，但相对于其父又属阴）。任何事物，只有阴阳平衡才能健康发展，否则就会出问题。

与阴阳紧密相连系的是五行。五行早期是指“五材”，即水火木金土五种基本物质、材料（也作为构成宇宙万物的五种物质元素），但更多地是指与这五种质料相应的五种功能属性及相互滋生、相互制约关系（即物质的五种不同运动方式、五种基本走势及其相生、相克关系）。董仲舒《春秋繁露·五行相生》：“天地之气，合而为一，分为阴阳，判为四时，列为五行。行者，其行不同，故为五行。”根据五行理论，中医的五藏（脏）并不是人体解剖形态上的心肝脾肺肾五个实体脏器，而是具有五种相关功能的多个脏器的组合（相当于五个系统，人体的所有组织器官都可包括在这五个系统之中）。春秋战国时代，阴阳与五行两说合为阴阳五行学说，对华夏文明产生了深远的影响。比如中医，“气－阴阳－五行”构建了中医的基本理论框架，阴阳学说对世界本原的认识从属于气一元论，揭示了生命运动的动因、源泉和最一般、最普遍的联系和形式；五行学说具体说明了人体脏腑和经络的结构关系及其调节方式。调节阴阳以求得机体整体阴阳平衡是中医治疗疾病的根本原则；五行的相生相胜的多路调节则将调节阴阳具体落实到可操作层面。

夏历九月初九是重阳节。在阴阳理论中，奇数为阳，偶数为阴，九为阳数中最大，乃极数，常表示多数、比喻尊贵，故天之极高为九重，地之极深为九泉。九月九日两九相重，日月并阳，故称九九重阳节。又因“九”与“久”同音，九在数字中又是最大数，包含有健康长寿的寓意，自然也与尊老、敬老、爱老、助老相关。民间有“过了重阳无时节，不是风来就是雪”之谚，意为过了重阳节就是寒冬，这一年快过完了。古时重阳节有登高、赏菊、饮菊花酒等习俗，文人雅士多于这一天聚会登高、赏菊吟诗，唐王维的《九月九日忆山东兄弟》因此成了千古绝唱：“独在异乡为异客，每逢佳节倍思亲。遥知兄弟登高处，遍插茱萸少一人。”

文化·生活

有一种科学叫中医

什么阴阳五行，什么经络，什么三焦……子虚乌有，中医能算科学？百多年来，由于中医理论与现代科学格格不入，很多被科学浸染的人就此批判中医，认为中医不能治病。今天我们究竟应该怎样看待祖国传统医学？这里不妨就“医”论医。

“医”字甲骨文就有，《说文》：“医，盛弓弩矢器也”，现在作了“醫”的简化字，但一般不认为“医”是“醫”的甲骨文。作为医（醫）疗之“醫”，较早见于篆文，从殹（据《说文》其义有两说，一曰违背常人的姿态，二曰呻吟声）、从酉（酒），《说

（小篆）

文》：“醫，治病工也”，即现在说的医生。或许“医（醫）”的本义就是医治战时伤员的创伤，亦或是医家认为治病就像打仗，故医（醫）字含有矢、殳等兵器；攻克这场战争的武器还少不了酉，即酒，酒为“百药之长”，“无酒不成医”。古时巫医难分，所以“医（醫）”字还有一种非主流的写法：毉。

在西医没传入以前，围绕着中医有很多独特且内涵丰富的称谓，如岐黄、杏林、悬壶、大夫等。岐伯是传说中的医家，黄帝的臣子，现存最早的中医理论专著《黄帝内经》就是托黄帝与岐伯讨论医学而成，所以后世称中医学为岐黄。唐时设置学校令人习医，学医的人就称为医生（后世为治病者通称）。宋初加强医事管理，设翰林医官院，后再设如大夫、郎中等官衔，今南方习惯称医生为郎中、北方称医生为大夫，概源于此。由于药物中草药占大多数，所以中药又称本草。

中医深受阴阳五行学说的影响，是中国古代哲学思想的具体应用（前文有述），认为人由阴阳两大类物质构成，阴阳二气相互对立而又相互依存，时刻在运动与变化之中。在正常生理状态下，两者处于一种动态平衡，一旦这种动态平衡遭破坏，即呈现为病态，所以中医治病就是调节人体阴阳，使其平衡、稳定，所谓“治病必求其本”，“本者，本于阴阳也。”难怪明代张景岳说：“医道虽繁，而可一言以蔽之，曰阴阳而已。”显然，中医是治人，人调理好了自然就没病，故标本兼治（西医只治病，以为病好了人就好了，往往治标不治本）。具体说来，中医是以整体观为主导思想，以脏腑经络的生理和病理为基础，以辨证论治为诊疗特点的医学理论体系。所谓整体观念是指人体的完整性和统一性：人体是个有机整体，各个组织器官互相联系、相互协调、互相影响，不可分割（所以中医忌头痛医头、脚痛医脚，而西医恰恰是头痛医头、脚痛医脚）；人与自然界是一个统一的整体，人的生命活动规律以及疾病的发生等都与自然界的各种变化（如季节天气、地域水土等）息息相关。也就是说，人体既是大宇宙系统的一部分，又自成一小宇宙系统，大宇宙所固有的规律，自然也反映在人体的小宇宙中。

几千年以来，正是中医，保证了中华民族的健康。但清末以降，国运衰弱，随着西方科学的进入，在一片排斥传统文化的声音中，人们开始用西医理论检视中医，让中医陷入存废的论争之中，至今不绝于耳。只是否定中医的人忘了，在西医传入中国之前，我们的祖祖辈辈都用中医治病养生——中医不能治病的说法经不起推敲。有学者用消毒、解毒形象地说明了中西医的区别：西医是对抗疗法，需要找出致病的敌人（如细菌、病毒），再用化学药品予以消灭，故西人喜“消毒”；中医是和谐疗法，不在意致病因素是什么，而是用自然之药调整人体整体机能，增强人的抵抗能力，并与之和谐共处，化解它们带来的副作用，故国人尚“解毒”。

宇宙之大、世界之复杂、人体之微妙，超乎我们的想象，描述这个世界的语言不止一种，解析这个世界的方法也不止一种，恰如一位西哲说的，真理只有一个，但通往真理的道路不止一条。由于认识世界的角度与方法不一样，使得中西医的理论体系不一样，正所谓殊途同归，轻易肯定一个从而否定另一个的做法都不是科学的态度。时至今日，中医依然在治病养生，尤其是对慢性疑难杂症的独特疗效，足以说明了祖国医学跨越时空的魅力。可以说，能同时享受中医和西医的双重呵护，是生为中国人的福分！

乐者，心之动也

乐（樂）是个象形字，甲骨文像丝弦绷在木头上的形状，“弦附木上”像琴的样子，金石学家罗振玉认为“从丝坿（附）木上，琴瑟之象也”，本义即指琴一类的弦乐器，亦代指各种乐器，后也泛指音乐，故《说文解字》曰：“乐，五声八音总名”。金文上部中间的“白”应是拨弦之器或是拨弦的手指。因为音乐常使人愉悦，故“乐”又引申为“快乐”。

《礼记·乐记》说：“乐者，心之动也。声者，乐之象也。文采节奏，声之饰也。”音乐是人们抒发、表现、寄托情感的艺术，不论是唱、奏、听，都内蕴千丝万缕的感情因素，因为音与音之间

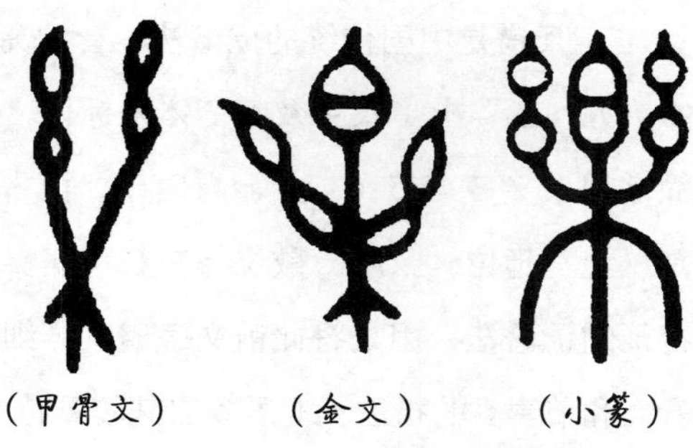

（甲骨文）（金文）（小篆）

的高低、疏密、强弱、浓淡、明暗、刚柔、起伏、断连等变化，与人的脉搏律动、感情起伏有密切的关联，潜移默化地影响人的心灵，故孔子曰："移风易俗，莫善于乐"。认识到这一点，我们就会理解传统教育将"礼乐"并称了。

据说历史上的三皇五帝各有其乐，舜作《韶》就是歌颂帝尧的圣德，并示忠心继承。此后，夏、商、周三代帝王均把《韶》作为国家大典用乐。韶乐是中国宫廷音乐中等级最高、运用最久的雅乐，被誉为"中华第一乐章"。相传韶乐非常优美，舜帝南巡时，见一地风景优美，遂奏韶乐，引凤来仪，百鸟和鸣，这就是国人皆知的湖南韶山的得名。《论语·述而》记载"子在齐闻韶，三月不知肉味。曰：'不图为乐之至于斯也'。"孔老先生欣赏韶乐进入忘我的境界，一连三个月吃饭都不知道吃的是什么，还感叹说："没想到上古时代的音乐如此高明！"《论语·八佾》亦载："子谓《韶》：'尽美矣，又尽善也。'谓《武》：'尽美矣，未尽善也。'"在孔子看来，韶乐是太平和谐之乐，而武乐叙述的是武王伐纣一统天下之乐，故虽美但不尽善，此即成语"尽善尽美"的由来。

工尺谱是中国传统的记谱法，音的高低用“上、尺、工、凡、六、五、乙”七个汉字及其变体来标记，据一般的唱法，大体对应简谱的1 2 3 4 5 6 7，源自唐朝。而古琴还有专门的减字谱，即是以记写指位、弦序、徽位与左右手演奏技法而不记音高和节奏为特征的记谱法，因是将此前文字谱（详细说明弹奏法的文字，不记音高和节奏）的指法、术语减取其较具特点的部分组合而成，故名。每一字块是由汉字减少笔画后组合而成，通常可分为上下两大部分：上半部表示左手指法及徽位，下半部表示弦次及右手指法。

中国传统音乐和西方音乐不同，侧重于反映人的内心世界，调养身心，虽很早就掌握七声音阶，但一直偏好比较和谐的五声音阶（即宫、商、角、徵、羽），追求旋律、节奏的变化，如同线条般的中国画，多轻柔和缓、低吟慢唱。乐器也多是独奏，笙管笛箫、琴瑟琵琶大都如此（宫廷礼乐除外）。而西方音乐更侧重于表现身外的社会，目的是演奏给他人听，从古希腊的五声音阶，逐渐发展到七声音阶，直到十二平均律，并从单声部发展到运用和声，像一堵厚重的墙，演奏非要有震耳欲聋的交响乐队。所以西方人听中国音乐如同“飘在空中的线条”，而中国人初听西方音乐感觉如同“混杂的噪声”。

说到中国传统音乐，不能不说琴（又名瑶琴，近代称为“古琴”；多为七根弦故又称七弦琴）。琴是华夏民族古老的本土乐器，有三千多年的历史，《诗经·关雎》有“窈窕淑女，琴瑟友之”的记载。古琴音乐追求意境美、人格美，最擅长用“虚”、“远”来制造空灵飘逸的美感，追求含蓄的、内在的神韵和意境。宋代陈暘在《乐书》中说："琴者，乐之统也"，一语道出了琴在中国古代音乐中的至尊地位。古琴代表着中国文人怡情养性、寄情抒情的生活方式，表现出完善自我人格的理想追求，蕴含着天人合一的人文精神。也因此，长期被视为文人的一种象征，位列文人四艺"琴棋书画"之首，《礼记》曰："士无故不撤琴瑟"。这也可以理解为什么北京奥运会开幕式文艺表演时响起的第一个音符是悠悠琴韵了。

书中自有情韵意

在中国，有一种艺术被誉为“无言的诗、无行的舞、无图的画、无声的乐”，从古至今上至帝王将相，下到文人雅士，黎民百姓，僧道丐乞无不倾心于此，都从中找到了性灵慰藉，已成为中国文化的代表性符号之一。这是一种什么样的艺术？让我们从“书”中一窥究竟。

“书（書）”是个会意字，甲骨文上边是手持笔，下边是器物，会意手持刀笔在器物上刻画。金文、小篆改从聿（音玉，“笔”的本字），者声。隶书省“者”成“曰”。简化字将“書”之草书楷化为“书”。本义是书写、记录，引申为字体、书法、信件、文件、装订成册的著作等。

汉字的点画、结构和形体变化微妙，意趣迥异，虽是一种展

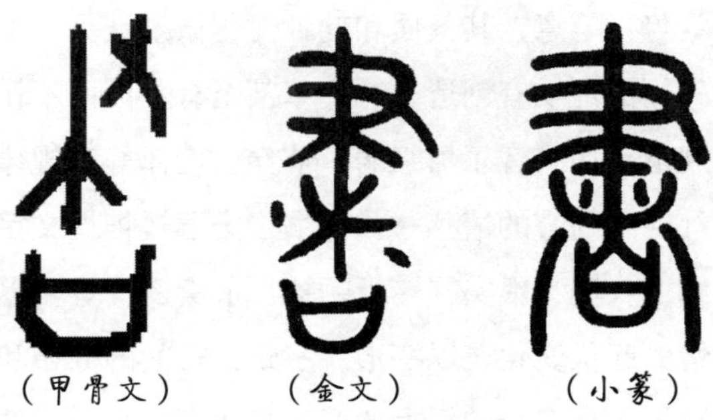

（甲骨文）　　（金文）　　（小篆）

开于空间的静态形体，但在静止中体现着运动之势，在空间中展现着时间的流动。书法正是凭借抽象性的点线运转，以特有的造型符号和笔墨韵律，融入人们对自然、社会、生命的思考，从而表现出中国人特有的思维方式、人格精神与性情志趣——书法使汉字优美的形式被优美地表现出来。

具体而言，书法的美是建立在从象形基础上演化出来的汉字线条章法和形体结构之上，即在它们的曲直适宜、纵横合度、结体自如、布局完满。追根溯源，甲骨文便开始了这个美的历程。甲骨、金文之所以能开创书法艺术之路，其秘密就在于它们把象形的图画模拟逐渐变为纯粹化的抽象的线条和结构，其后秦篆、汉隶、晋草、魏碑、唐楷、宋行等各擅其胜。书法通过线的创造来表现人的情感，它不仅使汉字的线条富无限变化，而且线条组合变化更是精微，从而形成内在的开合气势。另外，书法取法自然，不仅因为书法所取效的汉字是在对自然的仰观俯察中长生的，更在于要到自然中去把握鸢飞鱼跃的盎然生趣，去挖掘自然的内在精神。就这样，书法以一管之笔融入天地人心，能让人体味出人－社会－宇宙的妙义。

书法在技法上精研执笔、用笔、用墨、章法等，尤其讲究笔法、笔势、笔意，其气质和韵致变化微妙迭见，每一个字、每一篇、每一幅都可以有创造、有变革甚至有个性而不作机械的重复和僵硬的规范。如同音乐用强弱、节奏、旋律等有规律的变化来表现自然、社会和内心的情感一样，书法家通过把握文字点画线条的浓淡、粗细、疾涩、虚实、转折顿挫、节奏韵律等，以书写的内容和思想感情的起伏变化，以字形、字距、行间的分布和优美的章法布局，构造出丰富多样的纸上的音乐和舞蹈，用以抒情表意——有的似玉龙琢雕，有的似奇峰突起，有的俊秀俏丽，有的气势豪放，可从中领略书者的精神风度、心灵意境、生活情趣、审美追求、时代气息，如我们常说“晋人尚韵，唐人尚法，宋人尚意，元明尚态。”

“唐诗晋字汉文章”，以王羲之为代表的晋代书法艺术，创造了平和蕴藉的审美境界，体现了魏晋士人的精神风韵。“韵”是中国书和中国人结合而成的文化精神，这是魏晋书法艺术为中国文化建立的丰碑，成为后世书法艺术永恒的源头。东晋穆帝永和九年（353 年）三月三，王羲之与名士谢安等人在绍兴兰亭“修禊”宴集，会上各人做诗，事后王为诗集写了序文手稿《兰亭集序》（以下简称《兰》）。《兰》通篇有一种和谐的韵律，章法浑然一体，大小参差，既精心安排又不做作雕琢，笔锋使转藏露变化细微，结体疏密有度而使转自然，墨气忽浓忽淡，气息淡和空灵、潇洒自然，凡相同的字如二十一个“之”字各具风韵，绝无雷同，如有神助，令人赏心悦目——完美的艺术风神不仅代表了魏晋书法的最高水平，也标志着中国书法艺术全面成熟，被称“天下第一行书”。《兰》传到王七世孙智永和尚，他再传给徒弟辩才和尚，后被唐太宗派人骗取，太宗随即令冯承素等人临摹，今以冯的“神龙本”最著（因卷首有唐中宗李显神龙年号小印，故称），藏故宫，原本失传。

画中最妙言山水

国画、中医、戏曲（京剧）并称我国的三大国粹，如三枝芬芳娇艳的艺术之花，深深植根于中国传统文化之中，在世界文艺百花园中竞相绽放，美不胜收。国画为何？现在就从“画”字谈起。

画（畫）的古文字上面是“聿”，像以手执笔画图，金文、小篆下面变为画出的田界，本义是绘图，也指画出的图形，后引申写、签押、署名、划分，再引申为绘画、图像，或用手、脚、器具做出某种动作，如指手画脚，也指字的一笔为一画，如笔画等义项。

国画即中国画，古代一般称丹青，近代以来为区别于西方油画（又称西洋画）而称之。国画以其特有的笔墨技巧作为状物及传情达意的表现手段，强调“外师造化，中得心源”，融化物我，创

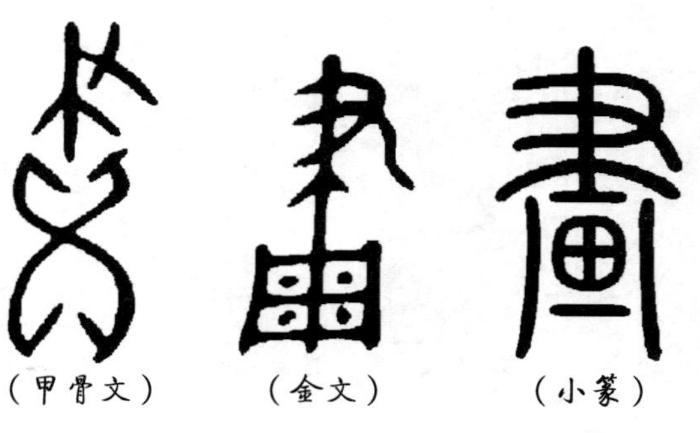

制意境，要“意存笔先，画尽意在”，达到以形写神、形神兼备、气韵生动。造型上不拘泥于表面的肖似，讲求“妙在似与不似之间”和“不似之似”。国画尚意（表达画家的心灵性致）、重韵（画出对象的内在生命感）的品性，决定其并不只是宣纸上的点染勾勒，是要表现“气韵”、“境界”，所以描写一切自然景物概以主观精神，透过作者心领神会表现出来，而非仅是实质自然景物的呈现，实际上是一个系统的思想集成最终的体现，意、识、灵齐备，诗、书、画一体。空间布局往往以少胜多，以虚代实，计白当黑，“虚实相生，无画处均成妙境”。因有了意境，国画给人以无限的想象，在有限的纸幅上表现出了无限的美。“远看山有色，近听水无声。春去花还在，人来鸟不惊”，王维的这首优美古诗一语中的：国画，是对生命活力的赞美；国画，是艺术和智慧的结晶。

由于并不十分追求物象表面的肖似，因此国画既可用全黑的水墨，也可用色彩或墨色结合来描绘对象，越到后来，水墨所占比重愈大，故有人称国画为水墨画。纵观画史，水墨画的精髓尤以水墨山水为最。盛唐以前，国画的成就主要集中在人物画上，晚唐及五代北宋时，山水画后来居上，尤其是水墨山水，最适宜于表现宇宙的混元之象和生命的人文之美，也合于文人画家空灵淡远的审美情趣，可以让人充分寄情于山水。画家把名山大川的特色先储于心，再形于手，不以“肖形”为佳，而以“通意”为主，“扫千里于咫尺，写万趣于指下”，一树一石、一台一亭，皆可体现画家的思想，不必斤斤计较透视比例等问题，故宋沈括说“画中最妙言山水”。可以说，不拘泥于山川本身的真实性，而重在其背后的主观真实，“山川使我为山川言”，这是中国山水画的重要特色。

由于根植于不同的文化土壤，国画、西洋画相较：国画重主观、重神韵；西洋画重客观、重形似——西洋画是“再现”的艺术，国画是“写意”（简而言之就是画出作者理解的景物的意思，即着意表现景物的神态和抒发作者的意趣，形简而意丰）的艺术。国画诗书画印合一，趣味高远；西洋画就是单一的画，趣味平易。国画盛用线条，西洋画线条不显著；国画不注重透视法（透视法即在平面上表现立体物），如人物画不讲解剖学；西洋画极注重透视法，人物画很重视解剖学。以画竹为例，西洋画称为静物描绘，强调形似；国画则从四面八方的虚空中，抽取竹枝迎风映日、偃仰婀娜的姿态，舍弃背景甚至捐弃色相，胸有成竹，融会于心，以点线的勾勒、书法的劲道以及毛笔特有的层次韵味，在墨色与宣纸黑白对比运用中，描绘出竹的生命神韵。

戏台小天地 人生大舞台

2001 年 5 月，“百戏之祖”昆曲入选联合国教科文组织人类非物质文化遗产代表作名录，中国戏曲之美得到了世界的欣赏与叹服。2010 年 11 月，“国剧”京剧再次荣登世界非遗榜，戏曲的魅力再次征服世界。戏曲究竟有何魅力？戏里戏外就在一个“戏”字。

戏（戲、䖒）是个形声字，从戈、虛声，本义是持戈比武，引申为比赛、玩耍、嘲弄、杂技等。近代学者王国维用“戏曲”作

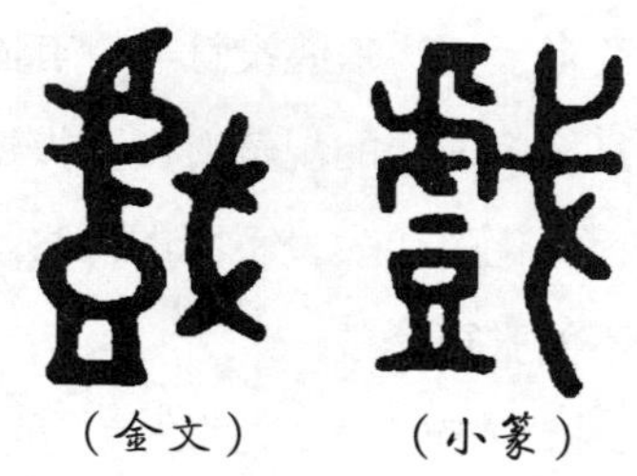

（金文）　（小篆）

为中国传统戏剧文化的通称。戏曲历经八百余年，融唱念做打为一体，运用手眼身法步等高妙的表演来塑造舞台形象，抒情、诗化、写意，雅致精湛。目前全国约有 360 多个剧种，其中以京剧、黄梅戏、越剧、评剧、豫剧五大剧种影响全国。

戏曲和梨园似乎风马牛不相及，但人们却将二者相提并论，其来有自。梨园原是唐代皇家禁苑中与枣园、桑园等并存的果园，园中设离宫别殿供帝家宴饮游乐，多才多艺的唐玄宗李隆基把单纯的果园变成教演宫廷歌舞艺人的地方，学员称“梨园弟子”。后人因称戏曲界为梨园行，戏曲从业人员为梨园子弟，几代人从事戏曲艺术的家庭为梨园世家等等。

统而言之，戏曲之美，美在综合：巧妙融合多种艺术于一炉并出以新意，凡音乐、文学、舞蹈、服饰、武术、杂技等等，兼收并蓄而又统一为有机的整体，呈现出大融合之美。戏曲之美，美在虚拟：运用艺术化方式来表现现实环境或对象，以形写神、追求神似，一如国画的写意，极大地解放了演员的创造力和观众的想象力，所谓“三五步行遍天下，六七人百万雄兵”、“顷刻间千秋事业，方丈地万里江山”。戏曲之美，美在程式：船行马步、关门推窗、登舟上楼、唱腔设计等皆有固定程式，并反复运用，而每个程式都是按照一定的规范对生活提炼、概括、美化而成。脸谱、服饰又是程式化的代表，不同的人物形象有不同的脸谱、穿戴不同的服饰，不能张冠李戴。

分而言之，戏曲之美，美在文学：这以昆曲为最，元曲向与唐诗、宋词并称，曲词极其优美，《窦娥冤》、《西厢记》、《牡丹亭》、《长生殿》、《桃花扇》等都是在昆曲舞台上得到演绎而意义非凡。戏曲之美，美在音乐："此曲只应天上有，人间能得几回闻"，每一个剧种都有其优美的唱腔，昆曲的缠绵曼柔，黄梅戏的清婉悠扬，京剧的沉雄大气，秦腔的嘶吼粗犷，各行其胜，再配上抑扬顿挫的韵白，使戏曲音乐极富意韵。戏曲之美，美在服饰：妙在似与不似之间的意象化服装，俗称"行头"，以明代服装为主，杂糅了自唐至清各朝代服饰式样，由生活服装美化和艺术再创造而成，云裙水袖、青衫红袍、蟒靠花翎，配以缤纷五彩的律动丝绸，如梦如幻、如诗如画。戏曲之美，美在舞蹈："有声即歌、无动不舞"，人物从出场亮相到下场，一个眼神、举手投足、动与静间都显无穷身韵。如雕塑式的亮相，短暂的停顿突显人物的外在风貌和内在神态，看似静止的瞬间蕴含着动人心魄的力量。再如行云流水般的水袖，令人眼花缭乱，能表达人物不同的感情，真个是"长袖善舞"。

说不完千般神韵，道不尽万种风情，戏曲虽美，可戏曲在当今时代的衰落也是不争的事实。究其原因有多种，其一：歌曲、影视、网络等流行艺术形式大行其道，抢走了受众，戏曲不再可能和当年一样万人空巷。其二：清亡以后，传统历史文化被快速消解，国人普遍性地出现了传统文化的断层，加上艺术欣赏习惯严重“西化”，很多年轻人对传统戏曲故事提不起兴趣，戏迷还能多吗？其三：和快节奏的时代相比，慢节奏的戏曲似乎赶不上时代的步伐，人们习惯于流行歌曲、影视网游等“快餐文化”，很多人看起来一切都那么匆忙，难以慢下心来细细品戏！但静下心来想一想，“快生活”真的就那么好、“慢生活”真的要被淘汰吗？人类社会的发展恐怕没这么简单。

最后，再欣赏两副戏曲对联吧：

一

演悲欢离合当代岂无前代事

观抑扬褒贬座中常有剧中人

二

曲是曲也，曲尽人情，愈曲愈妙

戏其戏乎，戏推物理，越戏越真

鬼斧神工说建筑

建筑是凝固的音乐，是文明的一部分，体现文化所有者的追求和气质，有什么样的文化，就有什么样的建筑，所以中西方建筑迥乎不同。不同在哪里呢？这要从“工”字谈起。

“工”是个象形字，甲骨文与金文皆像斧、铲或杵形工具（有专家认为就是建筑用的石杵），上面是木制横把。本义是古代的一种生产工具，引申为使用工具干活的人、工程项目、生产活动、工作量、技术、精巧、擅长等。“工”字承载了中国古代土木建筑工程发展的丰富文化信息，古代中央官署就有专门的工部（吏部、户部、礼部、兵部、刑部、工部合称六部），掌全国土木兴建、水利工程及各项器物制作等事项。

（甲骨文）（甲骨文） （金文） （小篆）

西方建筑多重视“筑墙”，建材多用阴冷的石头，内部空间高大，教堂等大建筑尤为明显。中国古建筑更重视房屋的内在木质骨架，最大特点是房屋的承重和围护结构分工明确，屋顶与房檐的重量通过梁架传递到立柱上，墙壁只起围护和隔断作用，有“墙倒屋不塌”之妙。这种暖性的木结构大体可分为抬梁式、穿斗式，抬梁式木构架是柱上搁置梁头，梁上再用矮柱支起较短的梁，如此层叠而上，梁的总数可达三到五根，梁头上再搁置檩条，檩间架椽子（各个构件之间的结点以榫卯相吻合），如此这般构成房屋的骨架。穿斗式木构架是先确定屋顶所需檩数，然后沿房屋进深方向依檩数立一排柱，每柱上架一檩，檩上布椽，屋面重量直接由檩传至柱。每排柱子靠穿透柱身的穿枋横向贯穿起来，形成一榀房架（建造时先在地面上拼装成整榀屋架，然后竖立起来）。每两榀构架之间以斗枋连接，形成一个稳定的空间构架。穿斗式木构架用料小，整体性强，柱子排列密，适用于室内空间尺度不大的房屋，如一般民居；抬梁式木构架可采用跨度较大的梁，以减少柱子的数量（尤其是最下面的大梁因跨度与承重大，非长粗直且结实的好木料不行，“挑大梁”概源于此），取得较大的室内空间，适用于宫殿、庙宇等建筑。

四根立柱围成的空间称“间”，建筑的迎面间数称开间、面阔，建筑的纵深间数称进深。一般建筑由奇数间（奇数为阳数且具对称美）构成，如三五七九间，开间越多等级越高，紫禁城太和殿为十一开间，是现存最高等级的木结构古建筑。

传统建筑的屋顶以重檐庑殿顶级别最高，屋顶四面斜坡，有一条正脊和四条斜脊，屋面稍有弧度，俗称四坡顶、五脊殿，如故宫的太和殿、午门城楼、太庙太殿等。重檐歇山顶比重檐庑殿顶低一个等级，四面斜坡的屋面上部转折成垂直的三角形墙面，有一条正脊、四条垂脊、四条依脊组成，又称九脊顶，是宫殿建筑的主要形式之一，天安门即为重檐歇山顶。其他还有悬山顶、硬山顶、攒尖顶、卷棚顶等。

中国古建筑飞檐翘角的大屋顶妙在斗拱。斗是斗形垫木块，拱是弓形横木，拱架在斗上，向外挑出，拱端之上再安斗，这样逐层纵横交错叠加，形成上大下小的托架，功用在于承受上部支出的屋檐，将其重量或直接集中到柱上，或间接地先纳至额枋上再转到柱上，是较大建筑物的柱与屋顶间之过渡部分，可使屋檐较大程度外伸，使建筑物出檐更加深远，造形更加优美、壮观。于是，屋顶的曲线，向上微翘的飞檐，使这个本应是异常沉重的往下压的大帽，反而随着线的曲折，显出向上挺举的飞动轻快，配以宽厚的正身和阔大的台基，使整个建筑安然踏实而毫无头重脚轻之感，体现出协调、舒适、实用、有鲜明节奏感的效果，再配以丰富多彩的彩绘和雕饰等装饰，自然就有了雕梁画柱、富丽堂皇、庄严大气。

中国建筑还通过群体表现博大与壮观，而西方古代建筑艺术主要体现在个体建筑所表现的宏伟与壮丽上，下文再到中国的“院”子里走一走。

庭院深深深几许

“院”是形声字，从阜、完声，“阜”是土山，表示院与土、建筑有关，本义是庭院、院子，指围墙里房屋四周的空地，后引申为机关、学校等公共场所名称。

在建筑思想上，中国古建筑体现了明确的礼制思想，注重等级体现，强调长幼、尊卑、礼制和名分，“长幼有序，内外有别”。相应地，形制、色彩、规模、结构、部件等都有严格规定。在平面布局方面有一种简明的组织规律，由若干单座建筑和一些围廊、围墙之类环绕成一个个庭院，组成一种有机的群落，形成一种特有的院落文化。这种庭院式的组群与布局，一般采用均衡对称的方式，沿着纵轴线（也称前后轴线）与横轴线进行设计。比较重要的建筑

（小篆）

都安置在纵轴线上，次要房屋安置在它左右两侧的横轴线上。这样，庭院前后串连起来，通过前院到达后院。家中主要人物或者应和外界隔绝的人物（如大家闺秀），往往生活在离外门很远的庭院里，形成一院又一院层层深入的空间组织，像一幅中国画长卷，须一段段地逐渐展看，不可能同时全部看到（欧洲建筑比较一目了然）——中国建筑的美，就这样通过美的个体和美的整体表现出来。古人以“侯门深似海”形容达官贵人的居处，欧阳修《蝶恋花》词中亦有“庭院深深深几许”之句，故宫、北京四合院、福建土楼等都将这一原则发挥到了极致。

北京正规四合院一般因东西方向的胡同而坐北朝南，基本形制是北房（正房）、南房（倒座房）和东西厢房，四周再围以高墙形成四合，大门辟于宅院东南角“巽”位（巽，八卦之一，谐音顺）。一般是北房三正两耳五间，东、西厢房各三间，南屋不算大门四间，算上大门洞、垂花门合计十七间。进大门后第一道院子南面有一排朝北的房屋，叫倒座，通常作为宾客居住、书塾、男仆居住或杂间。自此经垂花门到正院，垂花门是四合院内最华丽的装饰门，称“垂花”是因此门外檐用牌楼作法（没有垂花门则可用月亮门分隔内外宅），门外是门房、车房马号等外宅，门内是内宅，也是由外院进到正院的分界门。旧时说大户人家的小姐大门不出、二门不迈，二门既指此门，家中的男仆一般不得进此门。院中正房的开间进深都较大，台基较高，多为长辈居住，东西厢房开间进深较小，台基也较矮，常为晚辈居住。正房、厢房和垂花门用廊连接起来，围绕成一个规整的院落，构成整个四合院的核心空间。过了正房向后还可能有后院，一排朝南的较为矮小的房屋，叫后罩房，多为女佣居住，或为库房杂间。

四合院四面房子都向院落方向开门，中间庭院是四合院布局的中心，对外只有一个街门，自成天地，非常适合家族居住。院内植树栽花、饲鸟养鱼、叠石造景，亲切宁静，仿佛把天地拉进人心。人与人之间能产生一种凝聚力与和谐气氛，同时有一种安全稳定感和归属亲切感，和和美美，其乐融融，与现代公寓住宅永远紧闭大门的冷漠形成了鲜明的对照。

古代建筑都是建在高出地面的台基之上，因为堂前有阶，要进入堂屋必须升登（升）阶，所以叫“登（升）堂”。房屋内部前面是正厅的堂，待客、议事；后面是内寝起居的室（室的两侧叫房），与皇宫前朝后寝的格局一致。进屋首先得入门，然后登入厅堂，最后才能进入内室。后用入门、升堂、入室比喻学习或技能从浅到深的几个阶段。孔子言：“由也升堂矣，未入于室也。”（《论语·先进》）在大家族的院落中，祖父母、父母居住的正屋又称堂屋，为表尊重因称父母为高堂，李白《将进酒》：“君不见高堂明镜悲白发，朝如青丝暮成雪”，新婚典礼也说“一拜天地、二拜高堂。”堂与室的区别也代指母与妻。当然，一般百姓之家无专门的堂（当阳正屋之厅即是）更无祭祖的家庙，故庙堂成为做官的代称，范仲淹在《岳阳楼记》中说：“居庙堂之高则忧其民，处江湖之远则忧其君。”

曲径通幽赏园林

“虽由人作，宛自天开”，中国古典园林“假自然之景，创山水真趣，得园林意境”，崇尚自然而又妙造自然，把人工美与自然美巧妙结合起来，如立体的画卷，在世界园林史上独树一帜。古典园林何至如此之美？不妨从“园”字一窥究竟。

“园（園）”是形声字，从口（音尾）、袁声，形符“口”表示范围，本义是种蔬菜、花果、树木的地方，引申泛指游息之所，如圆明园、公园等。

古典园林是在自然山水基础上铺以人工的亭、台、楼、阁、馆、院、门、墙、榭、廊、桥等建筑，以人工手段整体有机布局，与山、石、林、木、花、草、泉、池等自然景物错综结合，在有限的空间里构

（小篆）

成有动静、曲直、隐显、高低、疏密、远近、虚实这样一些有对比、有节奏、有层次的风景画面。古典园林效仿自然，自然观、写意、诗情画意占据创作的主导地位，意在营造“性灵之居”。置身园林，是亭即可招风，是山即可揽云，是水即可含烟，是云墙篱落即可腾霭卧霞。障隔、因借、题名是造园艺术中最重要的手段和环节。

障隔就是利用漏窗、花墙、假山、回廊等作为屏障，有意识地将园内景物加以区隔，以隔造景，在有限的范围内创造出无限的景色。往往是一墙之隔景象迥异，气氛各殊。园林入口处往往设假山为屏，俗称“开门见山”，避免园内景观和盘托出、一览无遗。特别是以花墙漏窗之类为障隔手段，使景物在人的视觉中产生似隔似透、似分似连的效果，造成含蓄深远的意境。因借即因势借景，根据造景需要因势随机地将园外的某些景物有目的地“借”到园林中来，从而突破区域空间的范围，使园内外之景相互呼应，浑然一体，相映成趣。凡蓝天、远山、古庙、湖波、田野、农家等无不可借，使一园之内，移步换景，俯仰有景，大大丰富了景观画面的内容与层次，如颐和园因水成景，招西山为衬，即是远借。题名即是为园林景观题额命名。园林的一大特点就是文景结合，以文点景，借景寓情。《红楼梦》第十七回《大观园试才题对额》说："若大景致，若是亭榭，无字标题，任是花柳山水，也断不能生色。"一处景观有好的题额，就好比画龙点睛，景由文出，发人遐思。如苏州拙政园有荷风四面亭，即便没有荷风，也会有淡淡的荷香飘溢心头，端坐此亭，必有"江山无限景，都聚一亭中"的风致。

明、清是中国古典园林的高峰期。北方皇家园林（古籍称苑、苑囿、宫苑、御苑、御园等）创建以清代康熙、乾隆时期最为活跃，如圆明园、承德避暑山庄等。私家园林是以明代江南园林为主要成就，如沧浪亭、拙政园、寄畅园等。皇家园林规模宏大，真山真水较多，园中建筑富丽堂皇，有的不但模仿自然山水，而且还集仿各地名胜于一园，形成园中有园、大园套小园的风格。相比较，雅和小是私家文人园林的主要特点，这里的雅主要指宁静自然、风韵清新、简洁淡泊、落落大方，建筑小巧玲珑，常用假山假水摄取万象、托寓自我，尽物态、穷事理，把自然美升华为艺术美，融和了园主的文心诗意。"小"从题名上即可反映出来，如苏州有壶园，整个园林好似一把茶壶而名，还有芥子园、半亩园等。"小"对建造园林是不利的，但古人却能自如地化不利为有利，曲径通幽、移步换景、借景等都是在小空间内创造大景物而追求意境的卓越手法，从而小中见大、须弥芥子、壶中天地，表现出大千世界的无限秀美，别有韵味。

柴米油盐酱醋茶

“长在青山青又青，死在阳家用火喷，来人请客先请我，死后还魂用水浸”，这是小时候就猜来猜去的一个谜语。“一杯春露暂留客，两腋清风几欲仙”，客来敬茶是国人的优良传统。茶何以成为“国饮”？且看“茶”的来龙去脉。

“茶”没有甲骨文和金文，小篆“荼”与“茶”重文，从艹、余声，本义作“苦菜”解，后来写作“荼”。“茶”从“荼”简化概始于汉，中唐时“茶”的形、音、义已趋统一，后因茶圣陆羽《茶经》的广为流传，“茶”字最终确立。

中国是茶的故乡，柴米油盐酱醋茶，饮茶为开门七件事之一。国人何时开始饮茶，莫衷一是，《茶经》概言“茶之为饮，发乎神

（小篆）

农氏”，远古时代一切与农业相关的起源无不与神农氏有关。传说神农氏有一次在野外以釜锅煮水，适有几片叶子飘进锅里，水微微变黄，神农喝了几口顿觉神清气爽，凭借多年尝百草的经验，判定这树叶是生津止渴、提神醒脑的良药，于是世间就有了茶。《神农本草经》又载：“神农尝百草，日遇七十二毒，得荼而解之”，此处的“荼”即是“茶”的古称。

翻开中华民族悠远的历史，总有朴素清雅的茶香隐隐浮动，细看“茶”字，“人在草木间”，正暗合了先贤崇尚天人合一的自然之道。顺乎自然的茶能颐养天和，中医认为茶上可清头目、中可消食滞、下可利小便，是天然的保健饮品。更重要的是，通过沏、赏、闻、饮，从而去杂念、享自然、怡情操，故国人饮茶是“品”，不但是鉴别茶的优劣，还是神思遐想和领略饮茶情趣，重在意境：沸水冲沏，杯中茶叶翻滚沉浮，不断舒展，如云霞般绽放，随即溢出阵阵幽香，淡淡的色、香、味萦绕心头久久不去，享之不尽。也因此，品茶讲究五境之美，即茶叶、茶水、火候、茶具、环境。宋代更有“三点与三不点”之说：新茶、甘泉、洁器为一，天气好为一，风流儒雅、气味相投的佳客为一，反之则是“三不点”，恰如近代学者周作人说的：“喝茶当于瓦屋纸窗之下，清泉绿茶，用素雅的陶瓷茶具，同二三人共饮，得半日之闲，可抵十年的尘梦。”

作为礼仪之邦，客来敬茶是国人重情好客的传统美德与礼节，无论茶叶廉价与否，都载满主人浓浓的情意。君不见大街小巷、家里室外，常见人们围坐于一壶清茶，或谈古论今、言南道北，或弈棋讲书、吟诗作赋，端的是“品茗悟道闲中趣，谈古论今座上宾”，这既是饮茶的艺术，也是生活的艺术，更是人生的艺术。云南白族三道茶寓寄“一苦、二甜、三回味”的人生哲理，每当逢年过节、生辰寿诞、男婚女嫁，白家都以三道茶款待宾朋，让客人在“一苦、二甜、三回味”的茶礼中，享受茶点、观赏茶艺、感悟人生，唇齿留香间，令人回味无穷。

唐代卢仝有《七碗茶歌》：“一碗喉吻润，两碗破孤闷。三碗搜枯肠，惟有文字五千卷。四碗发清汗，平生不平事，全向毛孔散。五碗肌骨清，六碗通仙灵。七碗吃不得也，惟觉两腋习习清风生。蓬莱山，在何处。玉川子，乘此清风欲归去。”唐代诗僧皎然亦云：“一饮涤昏寐，情思朗爽满天地。再饮清我神，忽如飞雨洒轻尘。三饮便得道，何须苦心破烦恼。”禅茶一味，道在茶中行，诗中的玄机，怕是只有以茶沐心的茶人才能深解。

“春有百花秋有月，夏有凉风冬有雪。若无闲事挂心头，便是人间好时节。”思虑之时，烦忧之处，不妨沏一壶清茶，让幽幽清茗涤净心垢与周身劳顿，寻获一份回归大自然的朴素淡雅心怀。

丝韵瓷风梦驼铃

大约在我国西汉中期，千里之外的古罗马统率凯撒大帝穿着一件中国衣料的袍服出现在拜占庭的一家剧院，绚丽夺目的服装惊艳全场，演出过后，人们忘记了戏剧内容，但记住了凯撒大帝那梦幻般的仙服。凯撒大帝穿的究竟是什么衣服呢？且从“丝”字说起。

“丝（絲）”是个会意字，从二糸（音密），甲骨文、金文皆像两束丝形，小篆整齐化，《说文》：“丝，蚕所吐也”，本义就是蚕丝，引申为像丝的东西，如铁丝，或表示极少或极小的量，如一丝不差，再引申为绵长的思绪，如情丝等。“丝”也是计量单位名，还代指弦乐器，如江南丝竹（竹指管乐器）。

我国是世界上最早养蚕和缫丝织绸的国家，传说黄帝妻子嫘

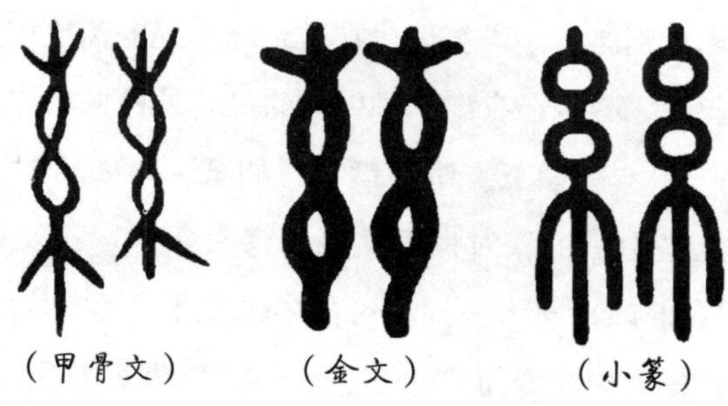

（甲骨文）（金文）（小篆）

祖发明养蚕取丝。考古推测在距今五六千年前便开始养蚕织绸，到了商代，丝绸生产已初具规模，甲骨文出现了桑、蚕、丝、帛等字，还有一百多个从“桑”、从“糸”等与蚕丝有关的文字。秦汉时期，丝织业大发展，丝绸贸易也空前繁荣。欧洲人把这种质地轻柔、色泽华丽的丝织物看作神话天堂里才有的东西，古希腊人干脆称来源地中国为赛里斯（Seres），即丝之国。

长期繁荣、横贯欧亚大陆的丝绸贸易，在茫茫戈壁沙漠踩出了一条丝绸之路。丝绸之路基本走向定于两汉时期，主要是西汉张骞出使西域开辟的以长安（今西安）为起点，经甘肃、新疆到中亚、西亚，并联结地中海各国的陆上通道。丝绸之路包括南道、中道、北道三条路线，全长约7000多公里，中国境内丝路总长4000多公里。19世纪下半期，德国地理学家李希霍芬将这条陆上贸易路线称为“丝绸之路”，此后中外史学家沿用至今，后来所指范围逐步扩大，以至远达亚欧非三洲，并包括海陆两方面的交通线路。丝路所带去的不仅仅是华美的服饰，更是东方古老灿烂的文明。回想丝路，我们能想象当年的白马、秋风、塞上，长河落日、大漠孤烟、延绵驼队；仿佛听到了《阳关三叠》的悠扬琴声和一路的人声、车声、驼铃声，离愁别绪、欢声笑语。在这络绎不绝的商旅中，除了最大宗的韵律丝绸，必定还有出产于中国的另一种稀世尤物——瓷器。

“白如玉、明如镜、薄如纸、声如磬”，和丝绸一样，瓷器也是中华民族对世界文明的伟大贡献，英文瓷器（china）与中国（China）同为一词，可见中国瓷器在世界的广泛影响。瓷器是从陶器发展演变而成的，这从“瓷”字即可发现：从瓦、从次，次亦声。瓦指陶；次意为“（工艺的）下一阶段”，故瓷即“陶的下一阶段、陶的后续形态”，说明在制陶的温度基础上再添火加温，陶就变成了瓷。陶与瓷的区别在于原料土的不同和温度的不同，陶器的烧制温度在 800℃ ~ 1000℃，瓷器则是用高岭土在 1300℃ ~ 1400℃的温度下烧制而成。

原始瓷器源于商代，汉代烧瓷技术出现飞跃发展，有了青釉瓷器，宋代名瓷名窑已遍及大半个中国，汝窑、官窑、哥窑、钧窑和定窑并称为宋代五大名窑。被称为瓷都的江西景德镇在元代出产的青花瓷成为瓷器的代表（唐宋已见青花瓷端倪）。青花瓷常简称青花，釉质透明如水，洁白的瓷体敷以蓝色纹饰，蓝白相映，素雅清新，如同写意的国画，以简练的笔法和相对单纯的色彩表达了丰富的艺术语言，怡然成趣，充满生机，使人赏心悦目。其特点一是着色力强，发色鲜艳，呈色稳定；二是纹饰永不褪色；三是丰富多彩，明净素雅，有中国水墨画的艺术魅力；四是不含铅、砷等有毒元素，对人体无毒副作用；五是不但适合装饰餐具、茶具等日用瓷，而且也适合装饰花瓶、大缸等陈设瓷；六是其制作原料含钴，天然矿物蕴藏丰富。青花瓷一经出现，便以其实用性、艺术性和经济性，即刻风靡大江南北，成为景德镇乃至中国的传统名瓷之冠，流传至今。

身体发肤，受之父母

正月不剃头，否则就要死舅舅。个人头发的去留与舅舅的身家性命本风马牛不相及，但在中国，二者偏偏联系在一起，怪也不怪？欲解开这个谜团还要从“身”字说起。

“身”是个象形字，甲骨文像有身孕的人之形，本义当为怀孕，引申为人的躯体，也指动物的躯体或某个东西的主体部分，再引申为人的生命、亲自、人的地位品德等等。

自古以来，中国人不论男女均不理发，男女都把头发绾成发髻盘在头顶，以笄固定，原因与“孝”有关，《孝经》云：“身体

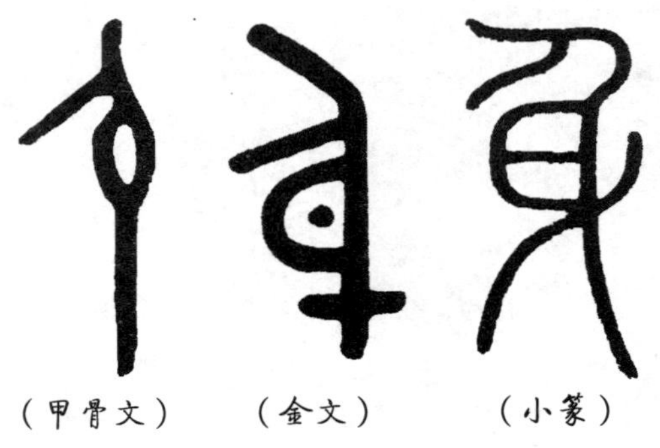

发肤，受之父母，不敢毁伤，孝之始也。”也就是说，我们的身体哪怕是一根头发，都应该细心呵护，因为我们的身体是父母给的，是父母的分身，怎么能随意毁伤呢！

但“不敢毁伤”的伦理伴随着明朝的灭亡轰然崩溃。满清入关后，为削弱汉人的民族意识，强化满人统治，强令汉人依从满族习俗剃发易服：改剃满族发型，改著满族服饰，以示臣服归化。顺治元年（1644 年）即颁发剃发令，因人心不服、天下未定暂缓，次年攻下江南后，重新颁布，规定凡清军所到之处，限十日之内，尽行剃发，只在脑后留铜钱大小的一缕头发垂一条小辫（现今电视剧中只剃半个头的发式，是清末清廷衰弱后才慢慢出现，如在清初亦是死罪），“留头不留发，留发不留头”，违抗者处死（后民间流传“十从十不从”，如死从生不从、老从少不从等，但未见史载。今老人去世穿的寿衣大体保留了明代服饰样式，或许与此有关，只是逝者为左衽），同时废弃明朝衣冠。剃发易服遭到了汉人的强烈反对与抵抗，清廷因之血腥镇压，“江阴八十一日”、“嘉定三屠”、

"扬州十日"都由此而来。逼迫之下，仍有部分有识之士不甘心，暗地里想了一个阴招：相约正月不剃发，并口口相传曰正月剃发要死舅舅——死舅就是思旧，借此来怀念前朝，表达对异族统治的不满，天长日久相沿成俗，当年的思旧情绪日益淡化，最后只剩下这个见证鲜血和历史的"正月剃发死舅舅"的习俗。太平天国运动时，太平军为对抗剃发的律令，恢复汉人蓄发的传统而被清廷污称"长毛"，也有太平军将士宁愿着戏服也不穿长袍马褂。

汉族的传统服饰是汉服，传说自黄帝垂衣裳而天下治，汉服即具基本形制，后历周朝规范，到了汉朝全面完善并普及，汉服由此得名。汉服的基本特征是交领、右衽（衣襟右掩，即用左边的长衣襟包住右边的短衣襟）、束腰、系带、无扣（现日本、韩国、不丹的传统服饰均继承了这些特征；满人服饰以长袍马褂为主，立领、对襟、盘扣）。从形制上看，主要有上衣下裳制（裳在古代指下裙）、深衣制（将上衣和下裳缝连在一起，使身体深藏不露，雍容典雅，因"被体深邃"而得名）、襦裙制（襦即短衣，为妇女的穿着）等类型。其中上衣下裳的冕服为帝王百官的官服，深衣是国人常服，上至王侯下至庶人都可以穿戴，也最能体现汉服洒脱飘逸的风格，宽袍大袖、褒衣博带，充分体现了汉族柔静安逸、娴雅超脱的儒雅性格，以及平淡自然、含蓄委婉、典雅清新的审美情趣。制作时，上衣下裳分裁，然后在腰部缝合，成为整长衣，以示尊祖承古。上衣用布四幅，象征一年四季；下裳用布十二幅，以应一年中的十二个月，崇敬天时。采用圆袖方领，以示规矩，意为行事要合乎准则；垂直的背线以示做人要正直；水平的下摆线以示处要公平；腰系大带象征权衡。身穿深衣，自然能体现天道之圆融，怀抱地道之方正，身合人间之正道，行动进退合权衡规矩，生活起居顺四时之序。

1912年辛亥革命后，剃发易服随着清朝的覆灭而消失，只是它的影响一直延续，如今中国男人依旧在剃头理发。民国后，依满服改良而成的旗袍、唐装，取代了汉服成为多数国人认同的中国传统服饰，而真正的国服——汉服被人彻底遗忘了。2001年上海APEC会议结束，各国领袖合影时所穿的中国唐装，究其实质只是马褂。

君子无故玉不去身

2008年8月，第二十九届奥运会在北京华丽登场，惊艳世界，国际舆论赞誉“美得令人窒息”，极富中国文化意蕴的“金镶玉”奖牌便是其中的一美：既体现了中国人对奥林匹克精神的礼赞和对运动员的褒奖，也诠释了中华民族自古以来以“玉”比“德”的观念，是中华文明与奥林匹克精神的合璧。北京奥运会奖牌所以选中“金镶玉”，其来有自，这还要从“玉”字谈起。

“玉”是个象形字，甲骨文像一根绳子串着玉石，金文和小篆整齐化写作三横等距的“王”（小篆“王”字上中两横比中下两横间距短），隶书为区别，加一点成“玉”。本义即是坚硬、质细、

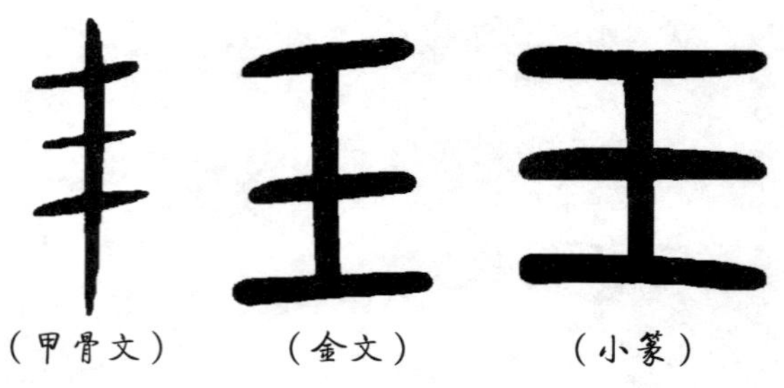

温润、略透明而有光泽的美石；后泛指玉制品，如金声玉振；引申为美好的、尊贵的等含义，如玉液、玉照、琼楼玉宇、金科玉律等等。

《说文解字》："玉，石之美"，玉的美必须经切、磋、琢、磨的繁复工序才能焕发，第一道工序是"切"，从中间剖开，看看石头里面有没有玉；第二道工序是将石头中的玉磋出来，这种未经雕琢的原料玉石叫璞玉；第三步是按照朴玉的形状进行雕琢，或玉佩首饰，或佛道神灵，或杯盏盘碟等等，叫"琢"；最后一道工序是磨，也就是磨光。原料玉石不经过"切磋琢磨"，不可能成为价值连城的艺术品，如同人不经过磨炼不能成为有修养、有文化的君子一样，故《诗经·卫风·淇奥（音澳）》曰"有匪君子，如切如磋，如琢如磨"，意思是说，这位极富文采的君子，就像经过仔细切磋琢磨的玉石一样完美无缺。《三字经》亦曰："玉不琢，不成器，人不学，不知义"。

玉是物质的，也是精神的，玉的品性一如人的品性，是君子修养、磨炼品性、人格操守的象征，自古便与高贵、高尚、纯洁连在一起，故有"君子比德于玉"、"君子无故玉不去身"等说法。《说文解字》总结玉有五种美德："润泽以温，仁之方也；䚡（音腮）

理自外，可以知中，义之方也；其声舒扬，专以远闻，智之方也；不桡而折，勇之方也；锐廉而不技，洁之方也。”玉润泽温和，是仁人的比方；从外知内、表里如一，是义士的比方；声音舒展飞扬，是智士的比方；宁断不折，是勇士的比方；即便碎了边角虽锋利但不伤人，是廉洁之士的比方。

纵观历史长河，最富传奇色彩的玉石应属和氏璧了。春秋时楚国人卞和在荆山（今湖北南漳）得一外裹岩石的玉石。卞献之楚厉王，厉王命玉工鉴别，玉工说是石头。厉王以欺君之罪砍下卞的左脚。厉王死武王即位，卞和再次献玉，同样的原因卞再被砍掉右脚。武王死文王即位，卞和抱玉在楚山痛哭，文王得知派人询问，卞言：“我并非哭被砍去双脚，而是伤心宝玉被认定为顽石、忠臣被认为是骗子！”文王命人剖开，果真现一稀世珍玉，遂命之和氏璧。此后和氏璧几经转手，战国时为赵惠文王所有，但秦昭襄王欲得之，假称愿以十五城换取，成语“价值连城”便由此而来。时秦强赵弱，赵王恐与璧而不得城，蔺相如愿奉璧前往，说：“城入赵而璧留秦；城不入，臣请完璧归赵。”蔺相如至秦献璧，见秦王无意偿城，就设法取回原璧，派随从化装平民，抄小路送回赵国（蔺相如凭借智勇也平安回赵），成语“完璧归赵”即源于此。秦灭六国，和氏璧最终为秦所有，被雕琢成传国玺，成了皇帝的宝印和天授皇权的象征，为秦、汉、魏、晋、隋、唐等历代王朝的传国玺，而是否拥有传国玺也成为帝国正统与否的条件之一。和氏璧最后在五代十国的动乱中下落不明，遂成历史之谜。

止戈为武还是持戈用武

多少年来，武侠小说、武侠影视风靡大江南北、长城内外。试看那武侠：身轻如燕飞檐走壁，十八般兵器样样精通，再配以侠肝义胆，个个出手不凡、时时伸张正义，难怪南少林、北武当成了无数中国少年无限向往的圣地。何为武？且看“武”从何来。

“武”是个会意字，甲骨文从止、从戈，表示人持戈行进，意即动武，引申为关于军事或技击的，与“文”相对，如武器、武

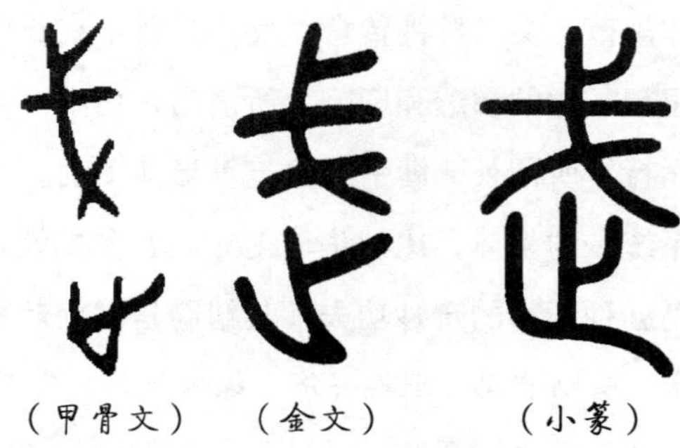

将，再引申为勇猛、猛烈，如威武等。《说文解字》言“楚庄王曰：夫武，定功戢兵（戢音机，意为战争胜利后就息兵），故止戈为武”，所释表达了反战思想，当是社会思想的反映，非本义。

武术又称武艺，两广人称功夫，主要内容包括搏击技巧、格斗手法、攻防策略和武器使用等技术。武术的修炼，各门各派不尽相同，大体上包括基本功、套路、内功和外功。基本功大同小异，讲究“手眼身法步，精神气力功”。套路就是一连串含有竞技和攻防含义的动作的组合，各家各派都有表现自己门派特色的套路。内功和外功都被各派视为最重要的内容，素有“内练一口气，外练筋骨皮”的说法，不肯轻易示人。就内功而言，主要理论基础是中医的经络学说，认为“经络为脏腑之表，脏腑为经络之里”，修炼经络会对脏腑产生调理、巩固、增强的作用。内功主要练的是内气，而经络是内气运行的通道，内气在经络中按一定方式运行，会对经络本身、相应的脏器以及身体的整体产生调理、巩固、增强的作用。

中国武术向有“内外合一、形神兼备”的特点，即既讲究形体规范，又求精神传意，反映了武术在长期的历史演进中备受古代思想文化的渗透和影响。所谓内，指心、神、意等心志活动和气的运行；所谓外，即手眼身步等形体活动。内与外、形与神是相互联系统一的整体，比如华佗创立的五禽操就是模仿虎、鹿、熊、猿、鸟五种动物的奇妙功夫，其精髓是“外动内静、动中求静、动静兼备、有刚有柔、刚柔并济、练内练外、内外兼练。”“内练精气神，外练筋骨皮”是练功的准则，如太极拳主张身心合修，要求“以心行气，以气运身”。此外，武术套路在技术上往往要求把内在精气神与外部形体动作紧密相合，完整一气，做到“心动形随”，“形断意连、势断气连”。

太极拳是一种动作圆柔、连贯、缓慢，每一式都绵绵不断犹如太极图的拳术，是传统文化与武术的完美结合。太极拳在技击上别具一格，要求以静制动、以柔克刚、避实就虚、借力发力，主张一切从客观出发，随人则活，由己则滞。因此，太极拳特别讲究“听劲”，即要准确地感觉判断对方来势，由听劲感知对方来力大小及方向，“顺其势而改其路”，将来力引化掉，再借力发力。当对方未发动前，自己不要冒进，可先以招法诱发对方，试其虚实，称为“引手”。一旦对方发动，自己要迅速抢在前面，“彼未动，己先动”，“后发先至”，将对手引进，使其失重落空，或者分散转移对方力量，乘虚而入，全力还击。太极拳这种中正安舒、轻灵圆活、松柔慢匀、开合有序、刚柔相济的特点，犹如行云流水连绵不断，故曰有音乐的韵律、哲学的内涵、美的造型、诗的意境。

繁简之争说汉字

“字”是个会意兼形声字，从“子”从“宀”，自甲骨文至隶书，字形变化不大，本义为在屋内生孩子，《说文》曰：“字，乳也”，乳即生育之意（《说文》：“乳，人及鸟生子曰乳，兽曰产。”）。

由表示生育的“字”何以转化为文字的“字”？还是《说文解字》：“仓颉之初作书，盖依类象形，故谓之文，其后形声相益，即谓之字。文者，物象之本；字者，言孳乳而浸多也。”仓颉创制文字时，大都依照各类事物的形象描画其形状，所以叫“文”（文即纹理、形纹，即象形符号），但仅有象形的“文”远不能满足思想交流的需要，于是又将“文”组合在一起孕育出了新的“字”，就像母产子、鸡下蛋一样，越繁衍越多。清段玉裁说：“析言之，独体为文，

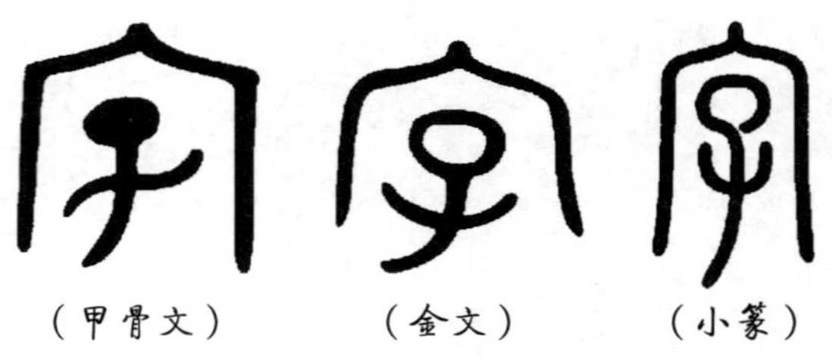

（甲骨文）　　　　（金文）　　　（小篆）

合体为字，统言之，则文字可互称。”当然，作为文字之“字”的称谓至迟在秦代还没有普及，否则秦始皇怎么会要求“书同文”而不是“书同字”呢？

根据现今掌握的资料，汉字的演进历史大体经历了甲骨文、金文、小篆（三者统称古文字），至汉代发展定型为隶书，此后稳固了两千多年（汉以后的楷书只是隶书形体的微变），但这种不变到了近代出现了意想不到的巨变。

19 世纪中叶以后，中国屡遭西方列强凌辱，是什么造成国力衰弱？上层知识界把审视的目光投到了文化领域，“汉字落后论”开始出笼：西方的拼音文字区区几十个字母，只要会说就会写，而汉字难认、难写、难于机械化打字排版，在文化传播等方面，不如拼音文字效率高，造成国民素质低下，民智不开，故中国要强盛非废除汉字走西方拼音化的路子不可。从那时起，随着国力的持续走弱，汉字拼音化就流行于上层知识界（现在的汉语拼音方案就植根于此）。但流传几千年的汉字岂能说改就改？于是简化汉字成为与“国际接轨”的首选。20 世纪 30 年代，民国政府就曾推行过少量简化字，但失败。新中国成立后，汉字简化再次强力登台，这一次如愿以偿，大获成功。

虽然简化字也有个别合理的，如小土为“尘（塵）”，三人成“众（眾）”，山中人是“仙（僊）”，两人前后相随即“从（從）”等，但就整体而言，一夕之间造就的简化字破坏了汉字固有的完整性、完美性，很多汉字不再形象饱满、栩栩如生，丰富的人文意蕴大打折扣甚至被掏空，不少简化字干脆变成了纯粹表音的符号（如義－义、書－书），无法表意，失去了作为表意文字的应有神韵！有人总结简化字是“亲（親）不见，爱（愛）无心，厂（廠）空空，产（産）不生。”直到 1980 年代，语文教科书上还嚷嚷着要走世界拼音化道路，悲哀至极。

有人说，正是有了简化字才有 20 世纪 60 年代多数国民的脱盲，这话似是而非，是否脱盲跟受教育程度相关，和汉字的繁简并无直接联系。动乱年代国弱民穷，有多少人上学读书？而至今还用繁体字（港台称正体字）的港台人都已脱盲，和简化字有关吗？现在很多支持简化字者，不过是习惯成自然。也有人说简化是汉字的趋势，恢复繁体字是倒退！汉字自小篆隶化之后，总体繁简适度，因而稳固传承了两千多年，难道古人都傻乎乎地不厌其“繁”？作为表意文字，绝非越简越好，如果简化到不能表意的程度，意义何在？凡事都应有度，过犹不及，无论是自然界还是人类社会，新生的未必就是好的或先进的，野蛮战胜文明、劣币驱逐良币的例子很多，好端端的身体新生了瘤子，好还是不好？任何一种文化出现断层很容易，但断层之后再行补救就难上加难。所以五十多年来，汉字的繁简之争一直没有停歇，正本清源，不妨多一些宽容与理性。

敬惜字纸的文化虔诚

文字的诞生是人类进入文明社会最主要标志之一。有了文字，人类才会有历史，历史才会有意义，人类才会彼此了解，人与自然的一切学问才会诞生、继承、发展。而中国的方块汉字，每一个字都是一个信息库，保存着中华民族的历史、价值观念和生命所系的精神，每一个字都很神圣，都值得敬重。对无形的字如此，对字的有形载体纸自然也心存敬重，“敬惜字纸”由此产生。“纸”从何来呢？

（小篆）

“纸”是个形声字，从糸（音密），氏声。纸的原料是破旧的丝绵等物，故从糸，本义就是纸张。因为纸出现较晚，“纸”字也就没有甲骨文和金文了。

有文字必有载体，早期的文字刻在龟甲、兽骨和钟鼎上，由于材料的局限，难以广泛传播，直至殷商时期，掌握文字的仍只是上层社会的百余人，极大地限制了文化的传播，这一切直到竹简的出现才改变。

竹简多用削制成的狭长竹片制成（也有木片，竹片称简，木片称札或牍，统称为简），每片写字一行，将一篇文章的所有竹片编联成册。早在商代的甲骨文中就有“册”字，《尚书·多士》载：“惟殷先人有册有典”，册、典指的就是用竹木简做成的书（后世纸代替了简，书籍量词仍沿用“册”）。可见，竹木简书籍在商代就出现了。为防竹简变形、虫蛀，便于书写，先以火烤青竹，使水分如汗渗出，谓之汗青或杀青（一说古人著书，初稿书于青竹皮上，取其易于改抹，改定后再削去青皮，书于竹白，谓之杀青），后用为成书或定稿之意，也借指史册，宋文天祥《过零丁洋》：“人生自古谁无死，留取丹心照汗青。”现在常称影视作品完成前期拍摄工作为杀青。

竹简是造纸术发明、普及之前主要的书籍形式，它第一次把文字从社会最上层的小圈子里解放出来，以浩大的声势普及社会，对中国文化的传播起到了至关重要的作用。春秋战国时代百家争鸣，竹简成为各家著书立说的主要形式。孔子晚年读《易》，由于反复阅读，致使编系竹简的牛皮绳子断了多次，成语“韦编三绝”由此而来。因竹简较重，故常用“汗牛充栋”形容书之多，“学富五车”形容读书多有学问。春秋战国之际，还出现了写在丝织品上的帛书，但丝织品价格昂贵，并不普及。

作为文字载体，相对粗重的竹简依然制约着文化的普及繁荣，时代发展需要更轻薄的东西用于书写记录。纸，就这样应运而生。考古发现，我国西汉初期已有了纸，1957 年在西安东郊汉墓出土的“灞桥纸”，鉴定年代为公元前 2 世纪。当然，纸真正用于书写和大面积推广是东汉蔡伦历时八年造出了植物纤维纸——“蔡侯纸”之后，蔡伦使纸进入了全面的实用阶段，并迅速、广泛推广开来，随即出现了用纸抄写的书籍，既轻便又易于书写，价格便宜。公元 404 年，东晋桓玄帝下令朝廷文书废简用纸，使纸的应用日益推广和普及，风行至今。就这样，纸，看起来毫无分量的薄片，成了中国献给世界最沉甸甸的礼物，汉字也借助纸张，在更广阔的时空中穿行。

白纸黑字在古代文人的眼里是一种神圣，被神明般敬惜，任何不敬和亵渎都会让他们良心不安。有字的纸不可随意丢弃践踏、糊窗封坛或与其他废物混杂，需丢入字纸篓，专门收集后焚烧。于是有了专为焚烧字纸的字纸亭、惜字塔等建筑，以及专门收集字纸旧书加以焚化的社会组织惜字会。敬惜字纸（敬惜字纸还包括少写垃圾文章的义项）折射出来的是对知识的尊敬，更有一种对文化的至上虔诚。对待废纸都如此敬重，更何况流芳百世的经典著作。

今天我们走进了所谓高科技时代，文字已经演化成海量的信息，在很多人心中文字的神圣感已荡然无存。人们在运用文字时肆无忌惮，任凭自己的感觉蛇走龙游。殊不知，文字是人类特殊的情感密码，有极其精巧而细密的排列组合，只有潜心掌握，写出的文章才能拯救心灵。最珍贵的东西我们往往不懂得珍惜：空气、阳光、水，当然也包括神圣的字与纸——崇尚西方科技的现代人集体遗忘了！

因才是举话科举

朝为田舍郎，暮登天子堂。十年寒窗无人问，一举成名天下知。金榜题名是古代无数读书人的梦想，唐代孟郊在科举高中进士后志满意得赋诗曰：“春风得意马蹄疾，一日看尽长安花。”（成语春风得意、走马看花即源于此）科举是什么样的考试？先来说说“举”字。

“举”是个形声字，小篆字形从手、舆(音与，四手共举之意)声，隶变作“擧”，俗作“舉”，现简化写作“举”，本义是双手托物，引申为向上抬、向上托如举手，动作行为如举止，发起、兴办如举办，提出如举例，推选、推荐如推举，科举取士如科举、一举成名等。

科举是通过分科考试选拔官吏的制度，隋开设明经、进士两科取士，唐增设明法、明算（算学）、明字（书学）等科目，唯进

（小篆）

士科（主要考诗赋，重文辞）最为人所重，武则天时增设武举，明清文科只设进士科。科举创始于隋，确立于唐，完备于宋，兴盛于明清，从隋大业元年（605年）设进士科算起，到光绪三十一年（1905年）正式废除，绵延1300年。

相比此前只讲出身的世袭制、看重门第的察举制，科举提供了一个相对公平、公正、公开的人才选拔平台，在制度上实现了人人机会的平等。科举千年，选拔的进士约十万，举人、秀才数以百万，唐宋以来的名臣能相、国家栋梁，绝大多数为进士、举人出身，明英宗之后更是“非进士不进翰林，非翰林不入内阁”，科举成为高官必经之路，也养成了尊重读书人、尊重知识的社会风气，难怪唐太宗李世民因科举网罗了四海英才后沾沾自喜：“天下英雄入吾彀（音够，弓箭射程范围）中矣。”

以明清科举为例。明清的科举与学校结合，参加正式科考以前先要参加童试，应试者不论年龄大小皆称童生或儒童，录取“入学”（准其入县学或府学读书）后即称为生员，又称庠（音祥）生，俗称秀才。秀才是“功名”的起点，有免除差徭、见知县不跪、不能随便用刑等特权。秀才分三等，成绩最好的为廪膳生员简称廪生，由官府按月发给粮食。

正式科举分乡试、会试、殿试。乡试每隔三年的秋季在省城举行一次，又称秋闱（闱即试院、考场），参加者是通过本省学政巡回举行的科考的秀才，考中者称举人，第一名称解元。会试在乡试后的第二年春天于礼部举行，又称春闱、礼闱，参试者为举人，考中者称贡士，即把人才贡献给皇帝，第一名称会元。以上各种考试主要考八股文和试帖诗等。殿试由皇帝主试，贡士参加，考策问：“策问”是以皇帝的口吻发问，内容主要是治国安邦、国计民生的大事；士子们针对策问作出回答就是“对策”，相当于时事论文。考中后称进士，分三甲录取，一甲赐进士及第，第一名称状元，第二名称榜眼，第三名称探花，合称三鼎甲，二甲赐进士出身，三甲赐同进士出身（宋仁宗时曾发生殿试被黜落的考生愤而投奔西夏之事，此后历代殿试原则上都录取，只区别等第，以防人才外流）。状元一词源自唐朝。唐制，举人赴京应礼部试者皆须“投状”，类似今日考试填写资料的情形，因称居首者为状头，故有状元之称。

八股文由破题、承题、起讲、入手、起股、中股、后股、束股八部分组成，从起股到束股的四段中，都有两股排比对偶的文字，合共八股，故名。题目主要摘自四书，所论内容主要据宋朱熹《四书章句集注》等书，考生必须以古人的语气阐述经义，“代圣人立言”，不得自由发挥。八股文注意章法与格调，本来是说理的古体散文与骈体辞赋合流而成一种新文体，明清以此为主要考试文体，从内容到形式都很刻板，这是八股文饱受诟病的原因，但不能因此就全面否定科举，科举也并不是只考八股文。今天的标准化考试试题、官场文稿、学术论文等，皆有其固定的程式，甚至更为死板、更长更臭，能以偏概全说它们一无是处吗？近代以来，西学东渐是东西方文化交流的基本走向，科举却是个例外，西方人认为科举是中国赐给他们最重要的礼物，甚至称为古代中国的第五大发明。孙中山曾十分欣赏英国通过考试选拔文官的制度，并设想以此来改造中国的官吏体系，但孙考察后发现英国的考试制度源自中国。即便是当初强力要求废除科举的袁世凯、康有为、梁启超等人，后来都有些悔不当初。

滴水之恩当涌泉相报

“受人滴水之恩以当涌泉相报”，知恩图报是人类最原初的情感，古今中外概莫例外。何为恩？还是从剖析“恩”字开始解字说文吧。

“恩”是个形声字，从“心”，“因”声。《说文解字》曰：“恩，惠也”，本义即指恩惠，也就是给他人的情谊、利益。

人，从出生至终老，无时不生活在他人恩德的庇护下，曾有智者将这些恩德归纳为四重恩，即父母恩、老师恩、国家恩、社会恩。

（小篆）

父母不仅给了我们生命，我们的成长更是父母心血换来的。年复一年，日复一日，父母不计劳苦，抚育我们成人，这其中的养育之恩，可曾细细体会、深深感怀？而老师培植了我们的生命智慧，成长的道路上，有多少恩师辛勤培育、无私浇灌，才让我们从一个个冥顽无知的婴孩，长成可以奉献社会的人。在良师的指导下，少走了多少人生的弯路！因此，自古就有“师父”一说，甚至“一日为师终身为父”。国家恩同样是我们的安身立命之本，正是有了国家的各种护卫，才使我们不受威胁，安居乐业，并享有各种便利。没有国家的恩被，安宁舒适的生活随时都可能化为泡影。所以，我们应奉公守法、力尽国民的义务，让国家更兴盛。社会恩就是人类互助之恩，今日我们所用所需，绝非一人所能成就，无不经众人努力而成，应该珍惜、尊重他人的劳动，“一粥一饭，当思来处不易；半丝半缕，恒念物力维艰”。

《弟子规》云：“恩欲报，怨欲忘，报怨短，报恩长”，有恩就当报答。人，离不开群体，如果我们寻着这条轨迹去做人，就会拥有和睦温暖的人际关系，有与天地万物共存共荣的安稳祥和，有一条越走越光明的人生大道。在一个文明的社会，如果人人都怀有一颗感恩之心，彼此互助关爱，必大大促进社会各成员、各群体、各阶层之间相互尊重、信任、融洽，建设好和谐温暖的社会，拥有文明友好的生存环境。

自古以来，人们感恩的对象有很多，天地君亲师就是其中的代表。《荀子》曰："天地者，生之本也；先祖者，类之本也；君师者，治之本也。"天地，是生命的本源；祖先，是民族的本源；君王（或国家）和老师是天下大治的根本。细想正是如此：上天给我们阳光雨露，大地孕育了万物（大地因此被比作母亲），祖先给我们生命，国家给我们安定的成长环境，老师给我们智慧，我们当然要带着感恩的心看待这一切。旧时民间几乎家家供奉的"天地君亲师"牌位（民国时期一度改为天地国亲师）就是这种感恩的表现。为了使自己的祈望更好地达于神明，古人往往利用自然形成的土丘、高岗或山头等较高的地形来构筑祭坛——筑坛祭祀是我国古代一种重要的对大自然感恩的方式。今日北京的天坛、地坛、日坛、月坛、社稷坛、先农坛等都是先人感恩的产物。

人生一世，切不可忘恩负义！懂得感恩，才可能拥有成功、幸福的人生，我们所处的社会才会充满温情。所以，我们应该时时处处用感恩的心对待周围的一切，这样自然会快乐每一天，直至永久。

今古几人识钱贝

甲骨文“贝”字像张开的蛤贝，金文“贝”字两扇贝壳连在了一起，小篆的“贝”字发生了伪变，已看不出贝壳的样子。今天的贝壳已不算什么，但上古时人却以贝壳为财富，以龟甲为珍宝。早先使用的货币就是“贝”，因此，汉字中和财富、贸易有关的字大多从“贝”，如贵、资、贪、贫、购、买（買）、卖（賣）等。

到了春秋战国时期，金属铸币逐步取代“贝”。铸币形状多仿照古农具“钱”（音尖，似铲，汉画像砖中大禹手里拿的就是它）的形状，故名之曰钱。至此，货币由“贝”转化为“钱”。这也反映了古人的认识论：财富是将劳动作用于土地上产生的。一开始，作为货币的钱叫“泉”，唐史家司马贞《史记索隐》载：“钱本名

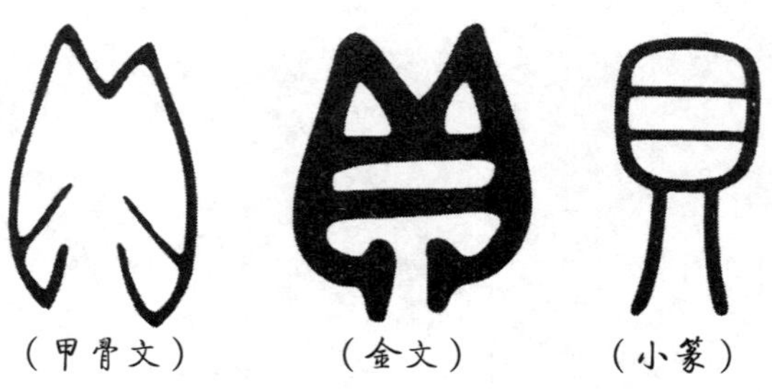

泉，言货之流，如泉也”，取钱有流行周遍之意。秦统一六国后，正式废除贝而通行钱，钱的形状则统一为外圆内方（象征天圆地方的宇宙观，也便于生产加工，便于携带流通）的“孔方兄”，此后两千多年不变。

作为货币的钱本来是中性的，无所谓善恶香臭，全凭支配它的人。可惜的是，千古以来“人为财死，鸟为食亡”，自从人类有了钱，人就与之结下了无边的爱恨情仇。多少人为钱所奴役、所迷惑，金钱至上，整天只知道挣钱、争钱、聚钱，在攫取钱财的途中拼死拼活、尔虞我诈，甚至不惜身家性命，重压之下身心俱疲。更有迷者，不惜在刀刃上舔蜜，贪赃枉法，落得身败名裂。而一旦有了钱，很多人又停留在买几套房子、换几辆好车的纯物质追求上，甚者沉溺于吃喝嫖赌的享乐挥霍，伤身败德，被“钱（錢）”的两把金“戈”刺得伤痛累累，家破人亡。

钱财不是人生的全部，乃身外之物，即使我们赚得了全世界，是否就拥有想要的幸福？所以，人生一世，赚钱是一门学问，用钱同样是一门学问，正确处理人与钱的关系是人生的必修课。春秋时期，越王勾践的辅佐大将范蠡，被后人视为财神，其三聚三散钱财的故事一直被后人称道。

有这样一则古老的寓言。有个海边的渔夫每天捕到够养活家人的鱼就收网停工，躺在岸上悠闲地抽烟、晒太阳。一天，一个大富翁看到这一切，很是替渔夫可惜，就劝他多打一些鱼。渔夫问多打鱼干什么，富翁说鱼多了就能卖更多的钱。渔夫问要那么多钱干什么，富翁说有了钱就可以享受人生，比如在海边悠闲地抽烟、享受日光浴。听到这里，渔夫对大富翁轻轻地一笑："我现在不就是这样么？"

关于金钱财富的几则警言俚语。君子爱财，取之有道。如果你把金钱当成上帝，它就会像魔鬼一样折磨你。金钱就像海水，喝得越多越容易渴。钱（錢）字两个戈，伤尽古今人。钱财如粪土，仁义值千金。有钱能使鬼推磨。钱不是万能的，但没钱是万万不能的。宁可无钱，不可无耻。有什么别有病，没什么别没钱。财富是智者的奴仆，笨伯的主人。钱是王八蛋，用完了再赚。钱可买漂亮的楼房，但买不到幸福的家庭；钱可买名贵的药，但买不到健康快乐；钱可买性，但买不到爱……

金钱财富与人生幸福究竟是什么关系？下期的"福"字我们继续探讨。

有钱了，你是否更幸福

“福”从“示”，“畐”声。甲骨文的“福”是个会意字，表现得极为形象，像两手捧酒樽（酉）于“示”前。“福”的本义是“求福”，后引申为“幸福”。

“福如东海长流水，寿比南山不老松”，这是我们常见的一副对联。何为福？《尚书·洪范》有“五福”之说：“一曰寿，二曰富，三曰康宁，四曰攸好德（即为人善良，道德高尚），五曰考

（甲骨文）　　（金文）　　（小篆）

终命（即善终）。”常说的“五福临门”一语即源于此。因蝠与福同音，蝙蝠自然成了好运和幸福的象征，民间有很多与“五福（蝠）临门”相关的剪纸、刺绣、雕刻等艺术，图案中都包含有五只蝙蝠，代表五个吉祥的祝福：寿比南山、恭喜发财、健康安宁、品德高尚、善始善终，合起来表示幸福美满的人生。

亘古至今，无人不希求幸福。某种程度上说，人的一生就是追求幸福的一生，没有人会拒绝幸福，只是不同的人有不同的追求，或为温饱，或为名位，或为学问，或为德行，或为事业，或为金钱财富，或为醇酒妇人，所谓“从其大体者为大人，从其小体者为小人”。

究竟什么是幸福？很多人把物质财富的多少当作衡量幸福程度的标准，无形中把物质享受和人生质量画上了等号，个人拥有的财富越多，似乎就越幸福。其实，物质财富只是衡量幸福程度的标准之一，在一定限度内，钱财的增多可以提高生活质量，如改善衣食住行及医疗、教育、游玩等各方面的条件，但基本的物质生活有保障之后（比如小康），幸福程度就不再随着财富的聚集而同步提高，而是呈快速递减之势，直至趋于零，否则，怎么理解亿万富翁的忧愁烦恼乃至轻生绝望呢！现在人类已越来越富有，但是，现代人一定比古代人幸福吗（当然，同样是平治之世）？有不少人甚至认为生活正越变越糟，患身心疾病的人却越来越多就是明证，这又说明了什么呢？

幸福是人的渴求被满足或部分满足时的感觉，是一种精神上的愉悦、心灵的和谐。世界上没有绝对的幸福，幸福不取决于人们的生存状态，很大程度上取决于人的心态，知足者常乐就是这个道理。一个农民在田里挥汗如雨，辛苦异常，可能他觉得很幸福；另一都市人在自家的花园里看似悠闲散步，可能他觉得郁闷很不幸福。

没有内心的和谐，人可能有短暂的快乐，但不会有长久的幸福。有一颗慈善的心，有一个健康的身体，有一帮值得信赖的朋友，有一个充满希望的未来……这些都是幸福；当你在帮助别人或接受别人帮助的时候，当你与朋友喝茶聊天的时候，当你与朋友分享喜悦或悲伤的时候，当你看到孩子一天天成长的时候，当你看到日出日落、草长鸟飞、风来雨往的时候……幸福或不幸福，可不全因为你的心态与感受吗？

车轮滚滚　路在心中

汽车，已成为当下很多人不可或缺的交通工具，也有无数人问我："你为什么不买汽车？"我无数次地大话表白："没有汽车不影响我的幸福生活，不影响我的生存与发展，我是在为全人类的可持续发展做一点力所能及的贡献。"

车（車）是个象形字，甲骨文有多种写法，皆形象逼真，本义就是车子，指陆地上有轮子的运输工具，后泛指用轮轴来转动的器具，如纺车、水车等。

相传黄帝时代就有了车，黄帝称轩辕氏，轩、辕均从"车"，这也许是一个旁证。《说文》："车，舆轮之总名，夏后时奚仲所

造。”根据《说文》的说解，可以肯定在夏代已有“车”这种交通工具。古代的车多为畜力牵引，尤其是马车快速、灵活，车行进时要把马缰绳汇总握在手中，《诗经》有“执辔如组”之句，“如组”就是把缰绳握在两手中像一根绳似的，这样用力均匀，马跑起来才能协调，故驾车的“御”术也就成了年轻学人要掌握的“六艺”（礼乐射御书数）之一。古时称一车四马的兵车为一乘。春秋战国时，战争频仍，国家的强弱常用兵车数目来衡量，一般中小诸侯国常有“千乘”，大的则“万乘”。汉代用公家车马递送应举孝廉的人赴京，后便以“公车”为举人入京应试的代称。清光绪二十一年（1895年）中日甲午战争失败后，康有为联合各省在京会试举人1300多人联名上书，提出拒签和约、迁都抗战、变法图强三项主张，史称“公车上书”。

“礼不下庶人，刑不上大夫”，很多人代先贤发言：“平民百姓粗俗卑贱，不必用礼法来要求他们（用刑罚就行了）；贵族士大夫（拥有特权）不受刑罚”；也有人理解“上、下”为“重视、鄙视”，意会为“不会因为大夫之尊，就免除刑罚，也不会因为是平民，就排除在文明社会之外”。同样一句话，出现了截然相反的解读，孰是孰非？其实这句话与“车”有关，出自《礼记·曲礼》，原文是：“国君抚式，大夫下之；大夫抚式，士下之；礼不下庶人，刑不上大夫，刑人不在君侧。”国君在路上遇到大夫，国君扶式示礼（手抚在横木上，身子略前倾，以示敬意），大夫则下车还礼；同理，大夫若遇到士，也是这样的礼仪；但这种礼节止于士就可以了，因为百姓太多，无法一一示礼（就像现在领导视察，沿途不可能一一对老百姓行礼一样）。士大夫是以贤德为标准选出来服务君王与天下的，君王不会任用违法的人（即刑人不在君侧），自然就不会有专门针对士大夫的刑罚，但若大夫犯了法，就要经一定的程序去掉他的大夫资格，然后论刑（一如现在的人大代表犯了法，不能直接追究，要先罢免他的代表资格才能论罪）。

车，本来就是交通工具、代步工具，但现代人将车异化了，主要表现有二：一则离不开车，没车似乎寸步难行，不愿走一步路，即便是到家门口的超市也得开车，患上了严重的汽车依赖症，几乎废弃了自己的那双灵便的腿。二则赋予汽车太多的社会意义，将汽车与个人的能力、身份、地位等联系在一起，相互攀比，很多人买车、换车的目的是给别人看的，沉浸在“忘我”的状态中。

过分依赖和滥用机器并把机器偶像化而过分追求，是现代社会的通病，人几乎被汽车、电脑、手机、电视等机器团团包围，人“进化”成了机器的奴隶，变成了“物”的一部分，越来越多地依赖高科技产品而生存，导致人与自然、人与人疏远了，很多人见不着父母没事，夫妻分居没事，孩子不在身边也没事，而且理由都很充分，一句话，离开人都没事，离开机器马上就有事，怪也不怪？机器确实让我们的生活快捷了，但我们因此就更加幸福了吗？人的幸福，不是靠外在的各种人造的刺激，哪怕这种刺激的科技含量再高。从这个意义上说，不管交通怎么发达，人的两条腿永远不会也不能作废！

究竟为何这么忙

早上八点上班，晚上五点下班，匆匆的脚步，不绝的车流……很多现代都市人总感觉很忙，仿佛自己的时间被人偷走了，常听到这样的无奈慨叹：“唉，怎么这么忙！”“忙得晕头转向。”“忙得心乱如麻。”这无边的忙碌中，可曾停下片刻想一想：“究竟为什么这么忙？究竟在忙些什么？”今天就让我们一起解析“忙”字，看看先祖留给我们怎样的启迪。

“忙”字未见甲骨文与金文，《说文解字》也没有，或许先民就无所谓忙。“忙”乃“心亡”，小篆忙字从“心”，“亡”声，形容心中急促紧张而言行匆迫之状；“亡”又作“失”解，心中慌乱则神智难定。

（小篆）

在社会高速发展的今天，人们的生活节奏越来越快，仿佛有做不完的事，匆匆忙忙每一天：忙着开会，忙着应酬，忙着挣钱，忙着匆匆赶路，忙着游戏聊天，忙着电视大片，忙着官位升迁，忙着提高知名度，忙着花钱消费……但哪些忙是高效、有效的？哪些忙是低效、无效的？哪些忙是值得的？哪些忙是不值得的？

按理，时间“不为桀存，不为纣亡”，对每个人都是公平的，为什么有些人忙得不可开交，有些人却从容淡定呢？前文说过，“忙”乃“心亡”，即心智失去了敏锐的洞察力、清晰的分辨力、理智的判断力，导致盲目（盲为目亡）、盲从、茫然。从这个意义上说，有的“忙”保持了原本朴实而基本的含义，有的“忙”则另当别论。也因此，我们是否应该忙，应该怎样忙，是一个值得思考的大问题，应从心里时刻反省自己，心有没有亡？有没有盲失？有没有迷茫？唯心有定力，才能在百忙之中不失自己的本心，千万不能在忙、盲、茫中迷失了自己，忙得没有目标，瞎忙极容易变成穷忙。

也许有人说，现在职场竞争激烈，不忙哪来钱生活？不忙不就不思进取了吗？但细想一下，生活中有很多事情真的非忙不可吗？

试举两例，假如我们把看电视、上网络的时间做做家务，养成早睡早起的好习惯，还需要那么匆匆赶路吗？很多有车族，汽车真的是生活的必需吗？而没了汽车，身心自然就少了相应的繁忙。在当今这样一个提倡高消费的时代，很多人成了消费品的奴隶，手机、电脑、电视、汽车、大片……须臾离开不得，越来越多地依赖外物而生存。而为了追比时尚，跟上所谓的时代潮流，又被不断冒出的新产品牵着鼻子走，忙着为自己所依赖的机器更新换代，忙着快餐式的娱乐，甚至刚忙完一套房接着又要忙二套房，于是越来越远离自然、远离心灵，很多人因此片刻不得闲——为机器忙，为消费忙，为财富忙，忙得异常被动、焦头烂额但却不知所为。

有趣的是，现代人在忙乱中压力重重，难以疏解，在圣贤经典中却找不到“压力”这个词，有的是“如切如磋，如琢如磨”，时时存养省察之心，并不断修正力行。我们不妨向古人学习，在承负重担的时候，把持住自己的内心，“不以物喜，不以己悲”，多一份从容，并为自己的生活减负，在纷繁的都市过得简单一点。缺少内心的和谐，整天在忙忙碌碌中追这求那，很容易忙得心力交瘁。可见，心态、观念变了，很多事情是否还需要忙、是否还值得忙就是另一番景象了。

最后，我们不妨忙里偷闲，抽空感悟一下唐代寒山子的这首诗：“急急忙忙苦追求，寒寒暖暖度春秋，朝朝暮暮营家计，昧昧昏昏白了头，是是非非何日了，烦烦恼恼几时休，明明白白一条路，万万千千不肯修。”

淡泊明志 宁静致远

曾有人这样对“淡”字说文解字：人的欲望就是火，欲火多了就容易“上火”，着迷钱权名位；所谓欲壑难填，不加节制火上加火必定“发炎”，外在表现就是贪得无厌，此时再不克制最终必定是欲火焚身。如何去火消炎？水克火，“炎”加水便成“淡”，所谓淡泊、淡定是也。粗看起来，这种解释别有一番意趣，只是探源细究，并不符合字理。

“淡”是个形声字（与“澹”是同源字），从水，炎声，本义是味淡、味道不浓、不咸，引申为稀薄、不旺盛、不热衷于名利、

（小篆）

无关紧要等义项。

老子有言“恬淡为上，胜而不美”。《中庸》曰：“君子之道，淡而不厌，简而文，温而理。”君子不媚悦他人，初看为人处世非常淡泊，但简略而不失文采，温和却有原则，日子越久就越发尊敬君子的淡泊之道，一点也不觉得讨厌了。

人生之淡，不是对一切无所谓的消极，而是对事物淡然而平静的淡定，不热衷于名利的恬淡、淡泊。每临大事有静气，面对诱惑要放得下，面对困惑能拿得起，面对荣辱，不会太过兴奋而忘乎所以，也不会太过悲伤而痛不欲生。淡泊、淡定是平和的生活状态，是和谐的内在心态，是崇高的思想境界：一种宁静——“明月松间照、清泉石上流”的清雅；一种大气——海纳百川、有容乃大的胸襟；一种镇定——“回首向来萧瑟处，归去！也无风雨也无晴”的从容。

“淡泊以明志，宁静以致远”，看轻世俗的名利，才能明确自己的志向；身心安宁恬静，才能实现远大的理想。此语最早源自汉初淮南王刘安的《淮南子·主术训》：“是故非澹薄（同淡泊）无以明德，非宁静无以致远，非宽大无以兼覆，非慈厚无以怀众，非平正无以制断。”汉末诸葛亮写《诫子书》谆谆教子诸葛瞻，妙化引用，发人深思，兹全文照录：“夫君子之行，静以修身，俭以养德。非淡泊无以明志，非宁静无以致远。夫学须静也，才须学也，非学无以广才，非志无以成学。淫漫则不能励精，险躁则不能冶性。年与时驰，意与日去，遂成枯落，多不接世，悲守穷庐，将复何及！”

《庄子·山木》有云：“君子之交淡若水，小人之交甘若醴；君子淡以亲，小人甘以绝。”君子之间的交往像水一样清澈纯净，不含功利之心，表面上看似淡然，却是心与心的交流，所以持久而亲切；小人之间的交往虽像醇酒一样甜蜜，看似无间，往往包含着很强的功利性，容易因利而断。现实生活中，常见很多人开口是朋友、闭口是兄弟，酒杯一端，义薄云天，表面上“甘若醴”，背后隐含着多少利益，心知肚明。

“宠辱不惊，看庭前花开花落；去留无意，望天上云卷云舒。”这是明代贤隐洪应明所著《菜根谭》中的一幅联语，寥寥数言，道出了淡定人生的处世态度：平淡对得失，冷眼看繁华；畅达时不张狂，挫折时不消沉。这样的淡，淡在荣辱之外，淡在名利之外，淡在诱惑之外，却淡在骨子里，能使人在物欲横流的世界中击破纷扰，洞察世事。

欲望无止境，欲壑本难填，功利浮躁是人性的天敌，一味追名逐利只会把人推向痛苦的深渊，必定难言幸福。所谓“粗茶淡饭有真味”，只有淡泊名利，保有一颗平淡的心，才能突破名利关，拥有一个淡淡却不乏味的人生。

点点滴滴说婚姻

婚姻是终身大事，人人都希望“执子之手、与子偕老”，向往百年好合、永结同心的美满姻缘。怎样才有美满的婚姻？不妨从“婚”说起。

小篆“婚”是形声字（“婚”字有无甲骨文与金文，专家分歧严重，本文从略），古时同“昏”，因古代婚礼中男方通常在黄昏到女家迎亲，《说文》：“婚，妇家也。礼，娶妇以昏时。”本义为女方、妻之家，后指男女结为夫妇。古代家族联姻，女方妇家为婚，男方婿家为姻，“婚”是对男方昏夜迎亲而言，“姻”是女随男出嫁而言。《说文》曰：“姻，婿家也，女之所因，故曰姻。”

婚姻是什么？婚姻就是彼此忠贞、一生一世的情感专一。俗

（小篆）

话说得好：“百年修得同船渡，千年修得共枕眠”，所谓“姻缘”，说的就是这个意思。两个人从可能毫不相识到牵手组成新的家庭，彼此托付终生，你心里有我，我心里是你，你属于我，我属于你，这其中的缘分值得永远珍惜。婚姻的情感是心心相印，不是外在的美貌与否，更不是所谓的性爱，喜新厌旧、移情别恋不会有美满幸福的姻缘。

婚姻是什么？婚姻就是由爱情升华为亲情，也就是同甘共苦、同患难共欢乐。日子好过时，一起分享；日子难过时，一起分担。病了有人照顾、有人流泪，不离不弃；升官发财了，有人真心为你高兴而不是暗地里嫉妒。亲情是人间最大的爱，人生一世，亲人之间的情义最重要、最动人，有亲情的滋润生活必定充满阳光，生命才更有质量。人人都追求幸福，不是有钱、有权就一定幸福，从某种意义上说，幸福就是一家人亲亲热热化不开、剪不断的亲情。

婚姻是什么？婚姻就是不分彼此的“二合一”。婚姻是爱的融合，绝不是利欲的结合，结婚就是难解难分的一家人。比如理财，你挣的钱就是我挣的钱，我挣的钱也是你挣的钱，谁当家作主不重要，重要的是心里装着这个家，爱这个家的每一个成员。另一方面，结婚不仅仅是一对新人的结合，也是两个家庭的融合，接受对方就要接受对方的家庭，爱屋及乌，你的父母就是我的父母，我的父母也是你的父母，孝亲敬老岂可厚此薄彼。

婚姻是什么？婚姻就是责任与担当。结婚不是花前月下的卿卿我我，意味着长大成人、成家立业，仰仗父母、躺在父母怀里“啃老”的日子该结束了，当自立门户：养家糊口、孝养父母、教育子女，尤其是教育子女更是头等大事，“至要莫如教子”。一天接一天的琐碎生活，日复一日的粗茶淡饭，大事小事、好事难事，哪一件事都要操心，哪一件事都要担承，幸福很大程度上也就体现在这些实实在在的生活当中，把每一个平平淡淡、普普通通的日子过好就是人生最大的幸福。

婚姻是什么？婚姻就是包容。两个人来自不同的家庭，成长环境不一样，生活习惯不一样，生活中有点小摩擦是难免的。况且金无足赤、人无完人，每个人都有优点，也有缺点，夫妻双方要多欣赏对方的优点，包容对方的缺点，互谅互让，退一步海阔天空。家庭过日子没有绝对的对与错，不能唯我是从、非要以自己的方式要求对方——家和万事兴，和美、和谐的生活必定来自彼此的包容。

婚姻是什么？婚姻就是勤俭持家。夫妻要互帮、互学，一起操持、经营这个家。古人说“读书好种田好学好便好”，做什么工作不重要，行行出状元，但为了这个家，不管做什么都要做好，对得起这个家。同时应该明白，挣钱是一门学问，花钱也是一门学问，可以大手大脚地挣钱，但绝不可以大手大脚地花钱，细水长流为正道，再多的钱也经不起“花钱如流水”，所谓“起家如针挑土、败家如浪淘沙”。

再忙也要顾家庭

“家”是个会意字，甲骨文的外面是房屋的侧面形象“宀”，里面是“豭”（音佳，公猪），金文大同，小篆变特指的“豭”为一般的“豕”（猪），本义是住所，后来与表示厅堂、庭院的“庭”组成了“家庭”，被广泛运用至今。

按理说，“宀”里有“人”才是家，但先人造字时为什么“宀”里放的是“猪”而不是“人”呢？上古时期野兽毒虫众多，先民“构木为巢”以作住所。后来从树上转到地面，并借鉴巢居的方式“架木为屋”。为防止洪水猛兽的侵袭，房子一般是上居人、下圈畜，于是与人共处一屋的“猪”成了家里不可或缺的重要一员，也成了“家”的标志。有趣的是，为什么“宀”中是“猪”而不是犬、牛、

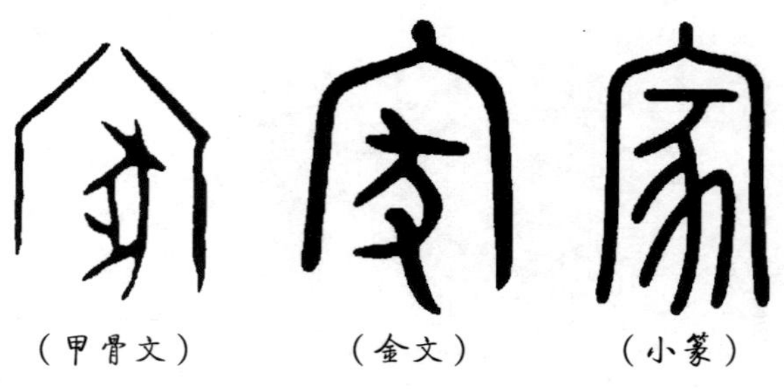

（甲骨文）（金文）（小篆）

马等其他已驯化的动物呢？有人说上古时期人的生存能力很弱，而猪的繁育能力强，用猪是象征人丁兴旺；也有人说自古民以食为天，驯养的肥猪正是食物的重要来源，自然“宀”里有“猪”便是“家”，“穷不丢书，富不丢猪”嘛，各有其理。

什么是家？有人说有了房子就有了家，这只说对了一部分，果真如此，那些有房的单身贵族为什么还要“成家”呢？有人说结婚就有了家，这还只是说对了一部分，果真如此，为什么有那么多好端端的家说散就散，如同住旅馆、歇客店偶处一室那般随意？

家是爱的聚合体，在融融爱意的融和下，家庭成员是一个不可或缺的整体，是一家人融为一体的情感的全部，是一个人情感的港湾、灵魂的栖息地、精神的乐园。家是一份自在，只有在家里才是完全放松的，外面赋予个人的沉浮荣辱尽可以放在一边，快乐时有人用情与你分享，忧伤时有人用爱为你疗伤；家是一份亲情，父亲的一句家常，母亲的一碗面条，爱人的一杯热茶，孩子的一声亲昵，平时可能无所谓，但哪一天少了哪一样都让你刻骨铭心；家是一份责任，作为家庭的一员，不论是丈夫、母亲还是子女，你都是唯一的，你承担的职责难以替代，只有尽其责、显其能方家和万事兴，而在工作单位，哪一项工作少了你就不行？家是一份牵挂，早上是出门前父母的嘱咐，傍晚是门口孩子的等待，回来迟了有人着急，病倒了有人流泪，贫富贵贱、生老病死，丝丝缕缕无时无刻不在人心；家是一份宽容，老人的唠叨，爱人的不良生活习惯，孩子的淘气，你都不会轻视鄙夷，在这个空间里，你用爱与温情欣赏他们的优点，在此基础上再用一生的爱理解、体谅、引导、完善家人……

家，涵盖了人的一生，但在纷繁的现代社会，偏偏有许多人忙得顾不上家，开会、出差、加班、应酬……仿佛有赚不完的钱、做不完的事。大千世界，芸芸众生，金钱事业不是人生的全部，人最终要回归家庭，家才是一个人最重要、最后的精神堡垒。没有幸福的家，即便赚得了全世界，人生又怎么样？因此，应在事业与家庭之间巧妙分配时间以求得和谐，工作越忙越要挤时间把自己还给家人，亲（親）人就应该常常见面：与爱人一起做做家务，陪年迈的父母拉拉家常，带孩子逛逛公园，一家人围在一桌吃吃饭……如此，灿烂的阳光每一天都洒满你的家。

日暮乡关何处是

乡（鄉）是会意字，古文字像两个人相向对坐、共食一簋，本义是用酒食款待别人。或许是古时交通不便，能在一起把盏的多为同地人，故假借“乡”表示基层行政区域名［乡、飨（饗）原本一字，“乡”被借调后两字所指才有分别］。

乡遂制度是西周时期设立的地方行政区划单位，国都及近郊划分为若干“乡”，五百家为党，一万二千五百家为乡，合而称乡党（“乡”也因此成为我国历代相沿、至今沿用的基层政权组织），常说的家乡、乡亲、同乡、老乡等均与此相关；边远农村地区划分为若干“遂”，五家为邻、五邻为里、一万二千五百家为遂，邻与里后合称邻里，应用至今。

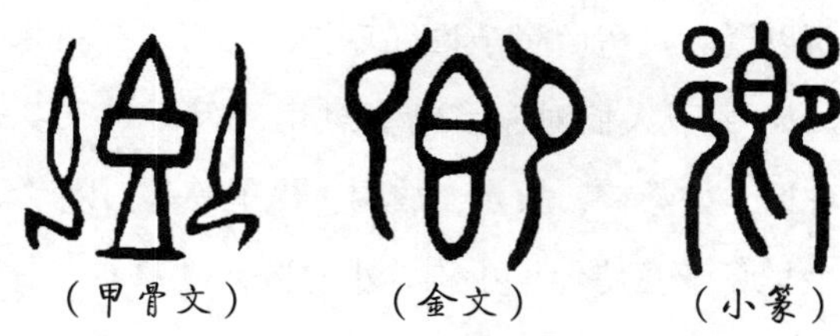

（甲骨文）（金文）（小篆）

家乡是一个人世代祖居之地，虽说“父母在，不远游”，但自古以来，或为官爵，或为商贸，或为学问，又有多少人离开自己生长的故土而远走他乡，与亲人一别数载甚至一别几十年。于是，身在外地的游子，乡愁凝结成化不开的心结，思乡成了他生命中难以分割的组成部分，“剪不断，理还乱，是离愁，别是一番滋味在心头”，点点滴滴连着远方那片故土。

“美不美，家乡水；亲不亲，故乡人”，老家究竟是什么？每个游子的心中都有自己的老家。有人说老家是小山村的几间老屋，屋内亲情；有人说老家是故乡的山水岭壑，村中老树；有人说老家是自己的梦幻童年，游戏伙伴；有人说老家是祖祖辈辈的善良淳朴，千年民风；有人说老家是节日的殷殷期盼，岁岁年年；有人说老家是父辈的勤劳耕作，秋收冬藏；有人说老家是山村的风霜雨雪，四季荣枯；有人说老家是上辈的掌故传说，处处坟茔；有人说老家是小时候的粗茶淡饭，风味野食；有人说老家是童年穿戴的土布土饰，春秋冷暖；有人说老家是外人听不懂的方言俗语，土腔老调……有很多伴随一个人终生的东西，都是故乡给予的！故乡是一个人的血脉之源、生命之根，你怎么割舍？也因此，故乡构建了一个人的精神家园，“拆”了，心灵就没了归宿，而无根之人，一如水中浮萍！

所以说："树的影子拖得再长，也离不开树根。"

由于人们对家乡情真意切，因而对家乡赋予许多高雅质朴的称谓，如桑梓、故乡、故园、梓里等等。以"桑梓"二字代称家乡，最早见于《诗经·小雅·小弁》："维桑与梓，必恭敬止。"桑和梓是古代家宅旁边常栽的树木，故常用作对故乡的代称。今人对家乡统以"老家"呼之，亦显亲切。

"大风起兮云飞扬，威加海内兮归故乡，安得猛士兮守四方！"汉高祖刘邦的《大风歌》表现的虽是胜者为王、衣锦还乡的得意，但其中故乡情怀依然浓烈，只是一般人不可能有如此高规格的体验，倒是像诗仙李白的"举头望明月，低头思故乡"、崔颢的"日暮乡关何处是？烟波江上使人愁"，千百年来，激起无数羁旅者的万千愁绪。对多数游子而言，故乡是物质的，更是精神的；是穷乡僻壤千年不变的守望，也是田园牧歌里的友爱亲情，但在急速城市化的今天，国人的故乡正急速萎缩，乡村被城市大片吞食，古老的村落快速消亡（亦或是人去村空的荒凉），取而代之的是进城后一样的楼房、一样的穿戴、一样的娱乐谈资、一样的水泥柏油路面。消失了木屋老房、鲜闻了鸡鸣狗吠、少有了淳朴善良、不见了春耕夏耘牛犁马拉……全球化之下的中国，国人故乡安在？

命运掌握在自己手中

八字算命、占卜、看相、测字、摸骨等等，自古以来真真假假、莫衷一是。信者恒信，认为算命是真的，言之凿凿，其中不乏亲身例证；不信者恒不信，认为没有天生注定的命，自然也就无所谓算命，纯粹是江湖骗术。是非对错，不妨给“命”字算算命。

“命”是个会意字，从口、从令，甲骨文命、令相同，金文加“口”，表示用口发布命令，本义即指派、发号施令。那么，我们常说的“命”是谁的口令呢？答曰：上天的口令。上天是谁？曰：上天就是宇宙

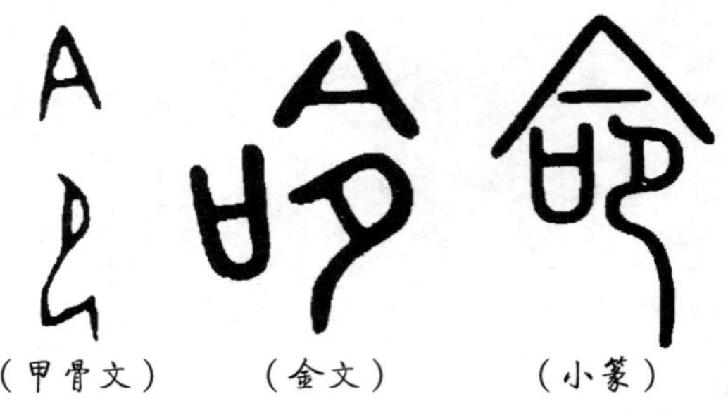

的主宰或曰人格化的大自然。

“天行有常”，宇宙的运行自有其规律，太阳东升西落，月圆月缺，风霜雨雪，四季更替，日复一日年复一年，不会错乱。从这个意义上说，宇宙是不是也是有生命的？是否就是一个巨大的生命体？只不过是我们目光短浅而无法探知，或曰宇宙的生命意义远远超乎人类的想象。世界很大，其实很小，因为我们习惯于眼见为实，我们的世界只限于自己眼看见的、手摸到的。不管怎样，宇宙确实是在有规律地运动，而不是死一般的寂静，人类身处其中，必定受其控制和影响，恰如老子所言：“天网恢恢，疏而不失”。

有人说命运是天生注定的，也有人说命运是自己把握的。其实细究起来，命是命、运是运，“命”是指一个人出生的先天因素与初始条件，给予了个人成长的某种可能性；“运”是指一个人的后天努力，体现了个人成长的能动性、主动性。人不能选择自己的父母和他所处的社会，或许，这就是我们常说的命（至于二者背后是否有某种力量在左右，无法验证姑且不论）。生在什么样的家庭、什么样的国度、什么样的社会，对一个人的影响当然重要。先天起点不同，影响后天发展速度，但后天的努力很大程度上能弥补先天的不足，否则怎么会有“寒门生贵子、白屋出公卿”呢？汉高祖刘邦原本贫民里长，历经艰辛终成一国之君，后天的百折不挠岂可小视？而当代那些白手起家的成功人士，其成功的背后都有艰难奋斗的历程。同样观察周遭社会，后天一无所为、坐吃山空的败家子又何尝少呢？别说“富不过三代”，父贵子衰、一代而败的例子也比比皆是。所以，命运的具体体现与个人后天的努力程度密不可分，后天的努力可以极大程度地改善自己的命运，同样可以成就自我，走向成功的彼岸。从这个意义上说，“我命由我不由天”，命运就掌握在我们自己手中。

“三分天注定，七分靠打拼”，人不能一遇到挫折就无谓地认命，改变不了“命”何妨反而求其次，调动我们的主动性、能动性，努力拼搏改变自己的运势。随意向命运低头屈服不是智者的作为，任何成功都不可能一蹴而就，等在那里让你不需要任何努力就可以得到——机遇只给有准备的人。只要有百分之一的希望，就要用百分之百的努力去争取，所谓“谋事在人，成事在天”，即便失败也没有后悔。

根据生辰八字算命是传统的预测人生运动变化规律的方法。生辰八字就是用人出生的年月日时按天干、地支依次排列成八个字，称为“八字”，如甲子年、丙申月、辛丑日、壬寅时等，每一个组合称为“柱”，形成年柱、月柱、日柱、时柱，故八字又称为四柱或四柱八字，包含了一个人出生时的天体运行的基本状态。古人认为人本身就是世界的缩影，同天地星象是对应的，人的命运由星象的五行之气左右，不同的人出生时的自然环境不同，五行之气也不同，因而就有了千差万别的命运，据此可断定人的吉凶祸福，所以算命又称测八字、批八字。

您贵姓？

“姓”是一个形声兼会意字。甲骨文“姓”字左边是“女”，右边是表示刚草木发芽生长的“屮”，两形会意，表示“女人生的孩子”。《说文解字》说：“姓，人所生也，从女、生，生亦声。”

由此，“姓”又转化为由同一女性始祖繁衍的家族（部落）的称号（或曰代号），表明某个群体有共同血缘关系。或许史前母系社会子随母姓，所以不少古姓都从“女”，如姬、嬴、姜等，进入父系社会后则子随父姓，此后几千年不变。

人为什么要有姓？原来，古人在长期的社会发展实践中发现：“男女同姓，其生不蕃”（《左传》），故姓的作用就是便于辨别不同部落的后代，以利彼此通婚，即“别种族”、“明世系”、“别婚姻”。

由姓及氏。随着家族人口的增多，由于各种原因，家族往往会分成若干支散居各处，各个分支的子孙除了保留姓以外，往往为

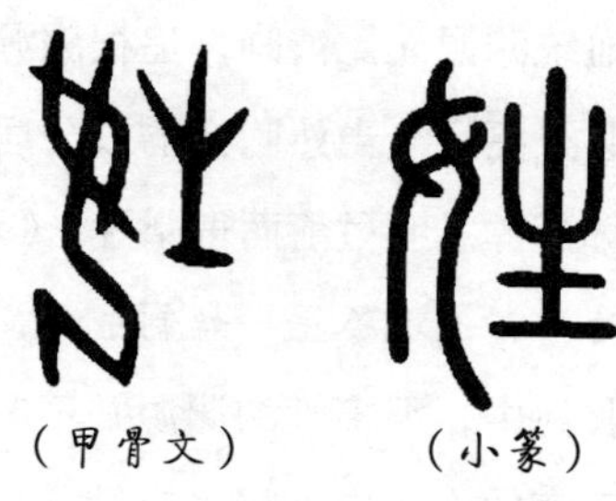

（甲骨文）　　（小篆）

本支派再取一个称号作为标志，这就是“氏”。也就是说，姓是一个家族的所有后代的共同称号，而氏则是从姓中派生出来的分支，如周初大规模分封诸侯，这些诸侯国的后人就以国为氏；诸侯又分封卿、大夫采邑，也就是领地，这些卿、大夫的后裔转而以封地为氏。

需要说明的是，战国以前，有土地有官爵的贵族才有姓有氏，“百姓”一词最初即指有姓氏即有身份有地位的人（不是现在意义上的普通民众），“百姓，百官族姓也。”而一般平民仅有名无氏甚至连姓也没有，自然够不上称“百姓”。战国时代，土地个人私有的地主阶层逐步兴起，代替了封建世袭，传统的贵族“百姓”自然失宠，不乏沦为庶民者。在这样的社会背景下，传统的贵族姓氏制度随之瓦解：有的氏开始转变为姓（现今大多数姓都因此而来）。更重要的是，众多的平民也有了姓，从而有名有姓，“姓”与“名”结合起来，更清楚地表明自己、区别他人。从那以后，“张王李赵遍地刘”，每个人都有了姓，“百姓”也就用来泛指平民，流传至今。秦汉以后，姓、氏干脆合而为一，统称为姓。人们初次交往，总要习惯性地先问：“您贵姓？”

由于姓氏固定，子孙代代相沿，使得中国人一脉相承的家族血统渊源无比清晰。追根溯源，每个姓似乎都可以上溯到炎黄二帝甚至更远（当然附会的成分居多），如相传张姓即源于黄帝，因其孙子挥发明弓箭而得张姓。《元和姓纂》载："黄帝第五子青阳生挥，为弓正，观孤星，始制弓矢，主祀张星，因姓张氏。"但在历史的长河中，很多姓的渊源并不单一，如：李姓是唐朝国姓，许多有功于唐的人，均被赐予李姓；元代不少蒙古人改汉姓，且常择汉人大姓如张姓，等等，这些都扩充了大姓的人口。我国现在到底有多少姓，至今未见精确的数字，公安部门不完全统计有 4700 多个，人数居前三甲的是张、王、李，三姓人数占到了全国总人口的 20%。

有学者指出，中国的姓氏暗藏着生物学遗传密码：只有男性具有 Y 染色体，长期子随父姓，Y 染色体就同姓氏一起传承给男性后代，故同姓的男性就拥有相同的 Y 染色体以及它所携带的遗传基因（当然，皇帝所赐等中途改姓者除外）。研究表明，有些遗传疾病只在同姓人群中传播，这引起了很多人类遗传学专家的兴趣，这也是古老的中国姓氏文化焕发的现代魅力。

浅释古人的名、字、号

甲骨文的“名”字，是个会意字，左边是一张“口”，右边是表示夜晚的“夕”。《说文解字》释“名”曰：“自命也。从口从夕。夕者，冥也。冥不相见，故以口自名。”夜间人与人相遇，彼此看不见，须自报其名以告知对方，故“名”的本义就是“自我称呼”。由此，其意又扩展引申为“事物的称谓、名望、名分、声誉”等等。

上古时期，婴儿出生三个月时由父亲命名，这就是“名”的由来。

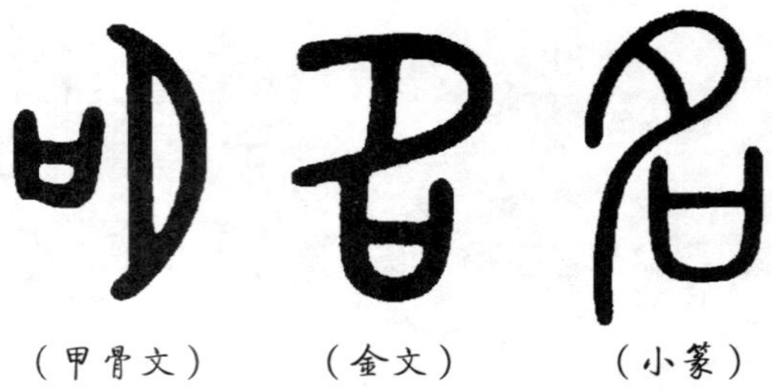

（甲骨文）　　（金文）　　（小篆）

民间部分地区至今还保留婴儿满月命名的习俗，不过命名的权力不再只属于父亲，婴儿的亲人都有这个权力。

古人特别重视礼仪，因而对名字的称呼十分讲究。平辈之间只有在非常熟悉的情况下才相互称名，多数情况下直呼其名是极不礼貌的事情。而下对上、卑对尊绝对不能称名，尤其是君主或自己父母长辈的名，提都不能提，否则就是“大不敬”或叫“大逆不道”（由此产生了我国特有的姓名“避讳”规制）。但日常生活中人与人相处又不能不称呼，只好另外取“字”，称他人之“字”以表尊敬。《礼记·檀弓》：“幼名、冠字。”《疏》云：“始生三月而始加名，故云幼名，年二十有为父之道，朋友等类不可复呼其名，故冠而加字。”又《仪礼·士冠礼》：“冠而字之，敬其名也。君父之前称名，他人则称字也。”可见，名是幼时取的，供长辈呼唤（如上对下、长对少的自称其名则表示谦卑）。男子到了二十岁，要举行“结发加冠”之礼（即冠礼），表示已经长大成人，能独身处事应物，要进入社会了，故取字供他人称呼。女孩子到了15岁，也要举行“结发加笄”（即笄礼），这时亦取字（但众多的平民女性既无名也无字），以示成年待嫁，故女子成年待嫁亦曰“待字”。

古人取“字”很有讲究，“字”常由“名”衍生而来，两者在意义上很有关联，字往往是名的补充或解释，叫“名字相应”，互为表里，故字又称作“表字”。

有趣的是，名与字常隐含着亲属关系，最常见的形式是兄弟姊妹在名字中共用一字，以表示同辈关系；或共用同一偏旁，例如苏轼、苏辙兄弟。此外，名字也可以表现长幼排行，先秦时多在名前加孟（伯、长）、仲、叔、季来表示。如：孟姜女（即姜姓排行第一的女子）、孔丘字仲尼（排行老二，故有人称之孔老二）。

唐宋以来，由于理学加强，一些繁文缛节越来越多，读书人在称呼上也大做文章，渐渐感觉称字还不够恭敬，于是又有了比字更表恭敬的“号”（又叫别号）。号不像姓名、表字那样要受家族、宗法、礼仪以及行辈的限制，可以自由抒发，所以多用来标榜使用者的志向和情趣，因此出现了各式各样的别号。当然，号的实用性很强，除供人称呼外，还用作文章、书籍、字画的署名。近代以来，文人的号逐渐被笔名所代替。

20世纪中期以来，人们的称号变得简单、划一，古人的姓、名、字、号只留下一姓一名，统称为姓名或名字。

帝王名号知多少

“王”是个象形字，甲骨文为斧钺之形，斧钺为礼器（有的说是统率全军的兵器），象征首领之权威，本义是天子、君主，引申为一族或同类中的首领、最突出者，如山大王、蜂王、拳王等。《说文解字》曰：“王，天下所归也”。董仲舒曰：“古之造文者，三画而连其中谓之王：三者，天、地、人也；而参通之者，王也。”大意是说，“王”的三横象征着天地人三才，中间顶天立地的一竖象征着道，也就是孔子讲的“吾道一以贯之”。中国传统的政治制度有“王道”与“霸道”之别：王道是先王之道，即夏商周三王用仁义道德治国，天下太平；霸道靠实力形成威慑力量，令他人不得不服。

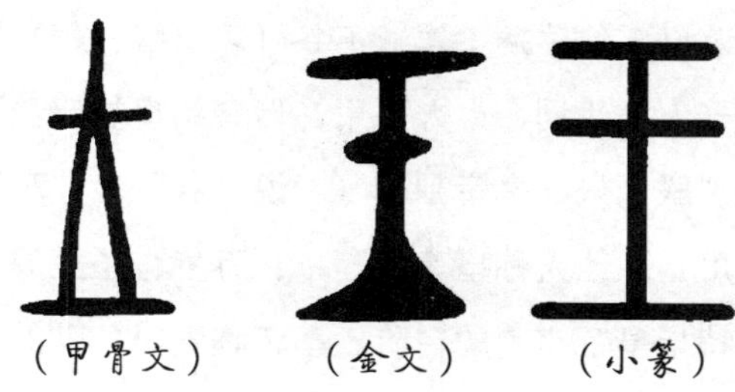

（甲骨文）（金文）（小篆）

“王”作为参悟天地大道的人，是对天子（一般认为“天子”之称始于周代，“天”是人格化的自然界，是宇宙的最高主宰。古以君主“受命于天”，秉承天意治理天下，故帝王都为天子。又按宗法制度，只有嫡长子才有权继承父权，因此天子就是天的嫡传子孙）的称呼，如禹王、汤王、周文王。历史演进到春秋战国时代，“王”的称呼发生了变化。周初分封的诸侯按公、侯、伯、子、男爵位排列，领地称“国”，如鲁地最早封给周公（武王弟、成王叔），其嫡长子孙世袭公爵，封地是公国，称号就是“鲁X公”；而蔡叔度（武王弟、成王叔、受封于蔡）的嫡长子孙世袭为侯爵，封地为侯国，称号就是“蔡X侯”。到了春秋时期，周王室衰微，有实力的诸侯都自称或是被称作“公”，周王也无可奈何。战国时代，周王室更名存实亡，诸侯也先后称王，俨然与周王平起平坐。一个例外是楚国，处于南方偏远之地，周王室鞭长莫及，西周时便开始称王。

公元前221年，一统天下的秦王嬴政以为自己“德兼三皇、功盖五帝”，过去的称号都不足以显示自己的尊崇，于是创造出“皇帝”新头衔授予自己，历代沿袭。皇帝常称“孤”道“寡”，谦称自己寡德少能。《道德经》云：“虽贵必以贱为本，虽高必以下为基，是以王侯称孤、寡、不谷（榖，善、美）”。先秦时“朕”作为第一人称代词，人人可用，但秦始皇规定：“天子自称曰朕”，自此“朕”只准皇帝独享（一说“朕”、“政”音似，为避讳不许别人用）。他人称皇帝为陛下、万岁、圣上等。陛本来指宫殿台阶，又特指皇帝座前的台阶。皇帝临朝时，陛的两侧站列近臣侍卫，群臣不能直接对皇帝说话，要由站在陛下的侍卫转达。后来人们就用“陛下”称呼皇帝，表示自己虽是在对皇帝说话，但在礼仪上不敢忘记自己本来无此资格。

谥号是帝、后及大臣死后按其生前事迹评定褒贬给予的称号（秦废谥号，汉恢复），始于周代。习惯上，唐朝以前对殁世的皇帝多称谥号，如周文王、秦穆公、齐桓公、汉武帝，一直延用到隋代。唐之后谥号日渐繁复，采用庙号称呼帝王，如唐太宗、宋徽宗。庙号是帝王死后在太庙立室奉祀时特起的名号，始于商代。最初按照“‘祖’有功而宗有‘德’”的标准，开国君主一般是“祖”、继嗣君主有治国才能者为“宗”。年号是帝王为记在位的年代、用以纪年所定的名号，始于汉文帝，但定为制度则是汉武帝。此前或用干支纪年（西汉萌芽，东汉后期通行；而干支纪日更早，传说始于黄帝时期），或以帝王即位年次纪年，如孔子病逝于鲁哀公十六年。明清之前一个皇帝往往有好几个年号，明清时一般只有一个年号（明英宗例外），称明清帝王常用年号，如万历皇帝、康熙皇帝等。

惜方寸土地，保子孙家园

“民以食为天”，食主要从土地中来，所以自古就有“但存方寸地，留与子孙耕”的箴言。“土地”为何？千言万语，要从“土”字讲起。

甲骨文与金文的“土”字形体变化不大，只是上部一虚一实，下部的一横表示地面，上部枣核状的轮廓表示突起来的土堆（也有专家说是破土而出的小苗形状）；小篆写作“土”。

（甲骨文）　（金文）　（小篆）

究竟什么是“土”？《说文解字》：“土，地之吐生物者也。二，像地之下、地之中，物出形也。”植物是从“土”里生长出来的，“土”字的一竖、两横说明植物的一部分生在“土”的上面，一部分长在“土”的里面，很具体也很形象地说明了“土”字直接而深刻的意义。

由“土”而“壤”。《说文解字》云：“壤，柔土也。”《周礼》说：“以人所耕而树艺焉则曰壤”，说明经过人为反复耕作，“土”才熟化为“壤”。所以，“壤”比一般的“土”肥力高，其生产性能自然也随之提高。后来，土、壤合为“土壤”，其间的差别渐渐被人遗忘了。

上古时期，“土”字既表示泥土、土壤，又表示土地、大地，秦汉以后，“土”专指泥土、土壤，要表示“土地、大地”之义则用“地”，《说文解字》：“地……万物所陈列也。”“地”者，“土”也，“地”字的金文从“土”从“也”（一说从阜，阜是土山），“也”在古文字里是女性生殖器的象形，两形会意，表示“地”是能够繁衍孳生万物的“土”。也因此，大地常被尊称为母亲。现在自然资源意义上的土地除了陆地部分还包括较浅的水域（狭义仅指陆地部分），而传统农业说的土地则主要指耕地。

由“地”再而“田”。“田”字的像大地被垄埂分割成一块块的耕地。《说文解字》：“树谷曰田。象四口；十，阡陌之制也。”种植稻谷的地方叫田，“田”字的外“□”象田四周的界限，内“十”表示纵横交错的沟渠和田间道路，故“田”是表示耕种用的土地，“农田”即由此而来。

再说两个与土地有关“农、耕”。“农（農）”是个会意字，甲骨文从“林”从“辰”，古时森林遍野，如要耕作必先伐木，故从“林”；古时以蜃（蛤蜊）壳为农具，故从“辰”；金文上部中间多了一个“田”，耕作于田间的意思更明显了。“耕”字从耒（音垒，古代翻土农具），井声，表示与耕作有关，本义是犁田。

土地是人类安身立命的根基，人类的文明史，概而言之就是开发利用土地的历史，但土地利用方式很难说有先进与落后之分，对土地开发利用程度高的文明形态不一定适合于地球每一个角落。一方水土自有其天性，不同的地理环境与气候条件决定了不同的土地利用方向，宜牧、宜农还是宜工，不取决于人的意志，智者所言的“因地制宜、地尽其用”就是这个道理：草原就应该是草原，耕地就应该是耕地，人造的钢筋混凝土不能“通吃”——没有一定量的土地尤其是耕地，人类的发展将无以为继。而现实正是这样，人类沾沾自喜地按照自己的意愿想当然地改天换地，已遭受惩罚：耕地面积锐减、土地荒漠化、水土流失、土地污染……哪一样不深刻地影响着人类的生存与发展？但对宝贵、有限的耕地，我们忧患得还远远不够！要让那些陶醉于现代工业文明的当代人放弃土地上的既得利益堪比登天！该如何与土地和谐发展，在有限的土地上生生不息，正考验着人类的智慧。

天地之中为中国

人有人名，国有国号，历朝历代，建国的一件大事就是取个好的国号，夏商周秦汉、唐宋元明清莫不如此，现在我们的国家简称中国。只是“中国”古已有之，今古“中国”是否同义？细究“中、国”即可知晓。

“中”是个象形字，甲骨文像旗杆，上下都有旌旗和飘带，旗杆之中加方形或圆形表示旗杆之中部，指一定范围内部适中的位置，本义是中心、当中，引申为中央，再引申为最恰当的、最合适的，如中庸。

中庸是儒家追求的一种道德修养与处世原则，意思是“执两用中”。这里的“中”不是简单直白的中间，意为待人接物不走极

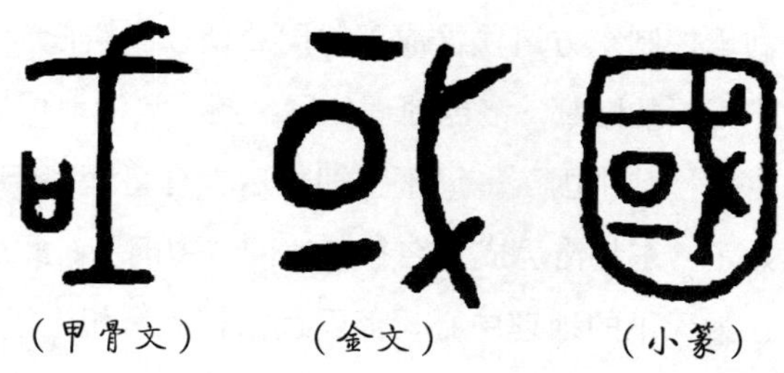

（甲骨文）　　（金文）　　（小篆）

端，把握住最恰当的那个“度”，它既不“过”，又不是“不及”，是恰到好处、最好。比如勇敢，太过为鲁莽、不及是懦弱，只有恰如其分的言行方称勇敢；再如吃饭，吃一碗嫌饿，吃三碗就撑，吃两碗正好……这恰如其分的言行、两碗饭就是中庸。

中国之“国”，初文为“或”，甲骨文从口（像城池形）、从戈（以戈守之），概意以戈卫国，本义是“城”（如国人暴动）或“邦”（王的领地或诸侯的封地）。小篆为“或”加“口”而成“國”，疆域的概念更强。1956年汉字简化时，选中异体字“国”，但“域中之‘王’”不合潮流，郭沫若提议变“王”为“玉”，意为祖国如美玉，于是有了“国”，只是如此一来，“國”的初始意蕴荡然无存。

周代分封制下，周天子京师居于天下之中，其他诸侯国位列四周，“中国”既是“中央之城”又是“中央之邦”，是“王国都城及京畿地区”，因此又称为国中、中土、土中等。顺便说一句，夏商周三代绝不是后来的朝代那样是一个大一统的国家，而是邦国林立（如周初仅中原地带邦国就数以千计），夏、商、周只是当时众多邦国中的一个，只不过国力强大、文化昌明、地域较广，受到众多小国的拥戴，故而领袖群龙。

这个“中国”没过多久就变了。由于京师镐京地处偏西，不利于控制东方诸侯，成王时周公便在今洛阳营建洛邑即“成周”，作为周的陪都。洛邑地理位置优越，政治地位快速提升，久而久之，也被称“中国”。周平王即位后，仓皇迁都于洛邑，动乱的东周开始了，东都洛邑成为名符其实的“中国”。此后诸侯争霸，“中国”作为天下的地理中心，范围逐渐扩大，相当于后来的“中原”，包括今河南省及其附近地区，后来华夏族、汉族活动范围扩大，渐扩大至黄河中下游一带，甚至把所辖地区包括不属于黄河流域的地方也全部称为“中国”，这时的“中国”还相对于东夷、西番、北狄、南蛮等野蛮地区而言的文明地区，与“中华”含义相同。

迄今发现“中国”作为一词，最早见于西周初年的青铜酒器“何尊”的铭文中。长达122字的铭文讲到周武王在攻克商的都城之后就有营建东都的重大决策，举行了盛大的仪式，祭告上天：“惟武王既克大邑商，则廷告于上天曰：余其宅兹‘中国’，自之辟民”，意欲建都于天下的中心，从这里统率民众。这个“中国”就是“国中”，全国之中。此铭文成为“中国”一词最早的文字记载，并把“中国”的最早地址确指为洛邑所在的洛阳盆地及以其为中心的中原地区。《史记·周本纪》在记述这段历史时，也引用周公的话，认为洛阳盆地为“天下之中，四方入贡道里均”。东周时期成书的《尚书》和《诗经》等书也有“中国”的记载。《尚书·梓材》是周公教导其弟康叔如何治理殷商故地的训告之词，其中“皇天既付中国民，越厥疆土于先王”，意即皇天将中国的土地与人民交给周的先王治理。

“中国”成为具有近代国家概念的名称，始于中华民国，是它的简称，现在也是中华人民共和国的简称，但也仅仅是个简称，一如美国之于美利坚合众国、法国之于法兰西共和国。

牵牛要牵牛鼻子

古文字的“牛”字，是一个牛头的简化图形，中间一竖表示牛面，上面两竖加弯表牛角，下面两小撇表示牛耳。

据考证，中国人对牛的驯化距今至少已有6000年的历史。牛在远古时代曾大量用作祭祀用品，一次祭祀就可能杀牛成百上千头。周代祭祀时牛羊猪三牲俱全称太牢，如缺少牛牲，则称少牢，说明古时以牛牲为上品。为了掌管国家所有的牛在祭祀、军用等方面的用途，周代专门设“牛人”一职，汉以后曾发展成为专管养牛的行政设置。除了祭祀，牛的另一大用途是供役用。牛车曾是最古老的交通工具，但使牛的利用发生决定性变化的则是牛耕。孔子的学生冉耕字伯牛，司马耕字子牛，名号中都有相应的“耕”“牛”二

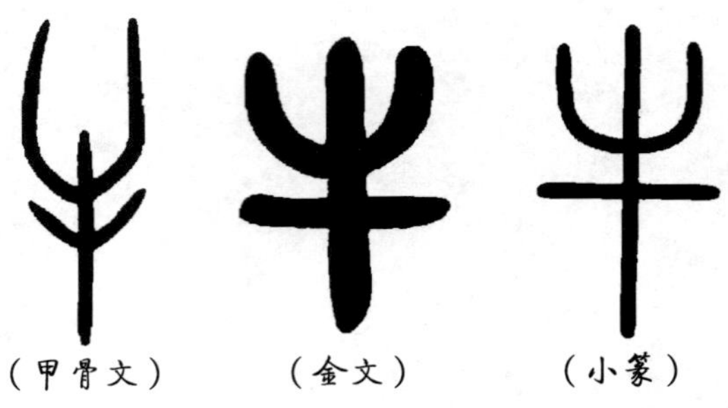

字。“牛者，所以植谷者，民之命也。”（《淮南子·说山训》）由于牛对农耕的巨大贡献，牛被视为神圣的动物，这也可以理解人们赋予中华民族农业发明者神农氏“人身牛首”了。

古代诸侯订立盟约，必须举行“歃血为盟”仪式：先将牛耳割下取血，并将牛耳放在珠盘上，由主盟者执盘，因称主盟者为“执牛耳”。主盟者率先将祭拜过天地神灵的牛血涂在口上，与盟者接着相继歃血，表示彼此之间有天地神灵为鉴，要坚守盟约、言而有信，违者必将造受神灵的惩罚。“执牛耳”后来泛指在某方面居领导地位，也用当作“第一”的代名词。

“孺子”本是古人对小孩子的书面称呼，可为什么与牛联系在一起呢？《左传·哀公六年》载：齐景公有个庶子名叫荼，齐景公非常疼爱。有一次齐景公和荼一起嬉戏，他口衔绳子，学做牛，让荼牵着走。不料，儿子不小心跌倒，把齐景公的牙齿拉折了。齐景公临死前遗命立荼为国君。景公死后，大臣陈僖子要立公子阳生，但大臣鲍牧对陈僖子说：“汝忘君之为孺子牛而折其齿乎？”人们因此用孺子牛表示父母对子女过分溺爱，后借喻心甘情愿为大众无私奉献的人。

吹牛或吹牛皮，是流行很广的一句俗话。以前黄河上游水急滩险多流沙，很难行舟（竹木船难操纵且常被撞坏），人们便以“皮筏代舟”。皮筏子（羊皮或牛皮制成，史书称革船）不仅体轻、灵活而且因为质地坚韧，耐磨耐冲击。但皮筏子需要充气，古时又没有打气筒之类的工具，全靠人工用嘴吹气。由于牛皮厚韧，一般人难以胜任这一工作，因此吹牛皮筏子成了衡量一个人能力大小的标志。久而久之，那些说大话和空话的行为就被称作“吹牛皮”。而人在“吹牛皮”之时，常显得气势夺人，于是人们又把运势走旺的人和事形容为“真牛”。

再说几个和“牛”有关的字。“物”字从牛从勿，《说文解字》：“物，万物也。牛为大物，天地之数，起于牵牛。故从牛，勿声。”民以食为天，天大的事，大不过填饱肚子；要填饱肚子，就得耕种；耕种靠的就是牛，所以牵牛耕田是天地间万事万物的根本，“物”也就成了所有事物的总称。“牺”是指祭祀用的毛色纯而不杂的牛；牲是指祭祀用的全牛。后世“牺牲”连用，泛指祭祀用的牲畜，再引申为为正义事业献出生命。小篆的“牵（牽）”字，下从“牛”，上部的“玄”代表牵牛的绳子，中间的横杠代表牛的鼻栓，表示用绳牵牛。“牵牛要牵牛鼻子”，比喻解决问题要抓主要矛盾。牛能被牵着鼻子走是人类的一大发现，若不然，人类的文明史可能要重写。

云从龙 风从虎

“云从龙，风从虎”，这句出自《周易·乾》的话，比喻事物之间的相互感应。自古以来，老虎既可怕又可敬，可怕与可敬皆因其威猛。仪容威猛、睥睨大千的王者风范，让“百兽之王”的老虎成了威武、勇猛、雄健和生气勃勃的象征，但看习语猛虎下山、虎头虎脑、虎虎生威、虎背熊腰、明知山有虎偏向虎山行等等，就让人敬畏。

古文字的“虎”像老虎的侧面形象，甲骨文以简练的线条把虎的形象勾勒了出来：大嘴、锐齿、巨身、斑纹、卷尾，惟妙惟肖，是个纯粹的象形字；金文渐失虎形，但依然可看出虎的形象；小篆趋向匀称完美，失去了象形的特点，反映了文字由图形向符号转变

的必由之路。《说文解字》这样释“虎”：“虎，山兽之君”，充满了对虎的敬畏。由“虎”组成的字也都与勇猛有关，如彪（“彡”表示虎身上的斑纹，组词如彪形大汉，引申为有文采，如彪炳史册）、號（“号”的繁体字，本指猛虎的咆哮声）等。

作为一种极具阳刚之气的动物，老虎自古就与勇猛、威严联系在一起，古代军事上的虎符体现的就是这种意义。虎符亦称兵符，因作成伏虎状，故名。它是古代帝王授予臣属兵权和调动军队所用的凭证。虎符分左右两半，左一半交给带兵的将帅，右一半由国君保存。用兵时，国君将右一半交给差遣的将领拿去和带兵将帅手中的左一半扣合，互相符合完整表示命令验证可信，方有权调动军队。虎符在古代战争中曾发挥了重要的作用，也发生了很多与其相关的故事。《史记》载，公元前257年，秦国发兵围困赵国国都邯郸，赵平原君是魏国信陵君无忌的姐夫，于是求援于魏王及信陵君，魏王使老将晋鄙率军救援，又要滑头命驻军观望。信陵君为了驰援邯郸，遂与魏王夫人如姬密谋，使如姬在魏王卧室内窃得虎符，假传王命，击杀晋鄙，大破秦兵救了赵国。这就是历史上有名的信陵君窃符救赵的故事。1942 年郭沫若先生曾以此为题写了历史话剧《虎符》。

虎不仅是大自然的杰作，更以其鲜明的象征意义，在人类文化进程中留下了深刻的印记，从旧石器、新石器的岩画，商周的青铜器，秦汉石雕，魏晋南北朝壁画，唐宋诗画至以明清文人画、小说中，虎的形象被历代艺术家刻画得栩栩如生。在地理上，金沙江上的虎跳峡、杭州西湖的虎跑泉、恒山上的虎风口以及大连的老虎滩、厦门的虎溪岩、济南的黑虎泉等等，无不有一段关于虎的美丽传说。

有趣的是，勇猛的虎在民间不再令人生畏，而是极具亲切感。传统民俗认为虎能够镇邪除恶，民间工艺中，虎的艺术形象占有非常重要的地位，如虎画经常被挂在中堂并正对着大门以使恶魔因害怕而不敢进入。许多地方的小孩儿从头到脚都被虎包围着：头上戴虎头帽，脚上穿虎头鞋，脖子上套虎围涎，胸前系虎肚兜，铺的是绘有虎形的褥子，盖的有虎形的被子，枕的虎形枕头，供孩儿玩耍的有布老虎、泥老虎等等，小孩显得虎里虎气、稚气可爱。

如今，虎已濒临绝迹，列入国家一级保护动物，如果我们不好好加以保护，恐怕孩子将来只好照猫画虎了。

岁时·节令

古往今来说时间

时间是物质运动的一种存在方式，由过去、现在、将来构成的连绵不断的系统，指物质运动过程的持续性、间隔性和顺序性。光阴一去不复返，时间不可逆，它只有从过去、现在到将来的一个方向。那么，古人是如何标记时间的呢？不妨从先民造的“时”字中窥探端倪。

时（時、旹）的甲骨文是会意字，从日从之，“之”表示“前往”，两相会意表示“太阳运行”、“日的行走”。小篆演变为左右结构，并在“之”的下边增添了“寸”，这或许与古人用圭表、日晷测量日影再确定时间有关。

日复一日年复一年，太阳是人类确定时间的最佳参照，上古

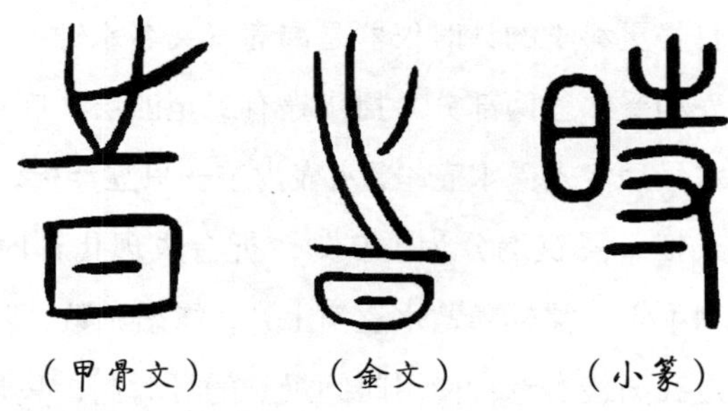

先民显然将太阳运行同时间的划分紧紧连在一起，通过观察太阳在天空中的方位，或测定日影长短与方位来确定时间。日晷就是我国古代常见的利用日影测定时间的仪器，通常由铜制的指针（即晷针）和石制的圆盘（即晷面）组成，晷针垂直穿过晷面中心，晷面安放在石台上，呈南高北低，使晷面平行于天赤道面，这样，晷针的上端正好指向北天极，下端正好指向南天极。在晷面的正反两面刻有子、丑、寅、卯、辰、巳、午、未、申、酉、戌、亥十二个时辰（一昼夜分十二个时辰，当西方钟表传入后，人们把一个时辰叫“大时”，而把西方的新时间一个钟点叫“小时”，后来随着钟表的普及，大时一词逐渐消失，而小时一直沿用）。当阳光照在日晷上时，晷针的影子就会投向晷面，并随太阳运动而指向不同的位置（晷针的影子也出现长短变化，故有一寸光阴一寸金之说），以此来显示时间。由于从春分到秋分期间，太阳总是在天赤道的北侧运行，因此晷针的影子投向晷面上方；从秋分到春分期间，太阳在天赤道的南侧运行，因此晷针的影子投向晷面的下方。所以在观察日晷时，首先要了解两个不同时期晷针的投影位置。

只是用日晷测定时间严重受制于天气，夜晚更无法测定，比日晷更科学的计时仪器是漏壶（又名水钟、刻漏等）。漏壶分播水壶和受水壶两部分，播水壶有二至四层，底部有小孔，播水壶里的水最后流入受水壶；受水壶内装一只立浮标，浮标上刻分 100 刻（古人把一昼夜均分为 100 刻，折合成现代计时单位，1 刻等于 14 分 24 秒），浮标随蓄水逐渐上升，露出刻数，以显示时间。“百刻制”是我国最古老、使用时间最长的计时制，只是百刻制不能与十二个时辰整除，清代规定一昼夜为 96 刻（一刻对应 15 分钟），每个时辰八刻。古代的计时单位还有更、点。汉代皇宫中，夜间值班人员分五个班次，按时更换，由此慢慢演变为夜间的计时单位“更”。晚上戌时（19：00 ～ 21：00）为一更，依此类推，直至五更。每更又分为五点，一点的长度合现在的 24 分钟。

自古有“天上一日，人间百年”的说法，南朝梁代任昉《述异记》载，晋朝人王质进山砍柴，见松下有童子下棋，便驻足观了一盘棋。棋罢，王质发现斧头已烂，回到家里，同时代的人都已过世——原来，王质走入了仙界。有趣的是，当代很多人想当然地依据爱因斯坦的相对论，认为有朝一日坐上接近光速飞行的飞船，时间就会变得很慢，自然衰老得也慢甚至永葆青春。只是同样依据相对论，让这种浪漫变得一厢情愿：物体在接近光速飞行时，运动方向上变得越来越扁，人在接近光速运动时变成什么样不得而知；物体在高速飞行时，随着速度的增加，其质量也同步增加，这就使得速度的增加越来越难，不可能出现接近光速的速度，而速度远小于光速，时间变慢的相对论效果根本不足为道。所以，不要幻想改变时间，还是想想如何把握好当下分分秒秒的人生吧。

夏历·闰月·节气

“春雨惊春清谷天，夏满芒夏暑相连，秋处露秋寒霜降，冬雪雪冬小大寒。”很多人都记得这首二十四节气歌。二十四节气与历法是什么关系？农历为什么会有闰月？这要从历法的“历”字说起。

“历（歷）”是会意兼形声字，甲骨文从止（脚）、从秝（音立，种植整齐的庄稼），秝兼表声，金文和小篆改从厤。字形会意踏田巡视禾苗，转义为经过，又引申为逐个，如历历在目；时间的推移是一月月一年年地前进，后世表历法的“歷”改为“曆”，以“日”代“止”。

（甲骨文）　（金文）　（小篆）

历法是用年、月、日等计算时间的方法，主要分阳历、阴历和阴阳历三种。阳历即太阳历，历年为一个回归年，现国际通用的公历（西历）即为太阳历的一种。阴历亦称太阴（太阴即月亮）历，历月是一个朔望月，历年为12个朔望月，大月30天，小月29天，伊斯兰历即为阴历的一种。阴阳历的历年为一个回归年，历月为朔望月，因12个朔望月与回归年相差较大，阴阳历中设置闰月，所以这种历法与月相相符，也与地球绕太阳周期运动相符合，中国农历就是阴阳历的一种。

中国的历法正式始于夏朝，《尚书·大传》称“夏以十三月为正”，即每年定12个月，至第13个月时转为新一年的正月，至汉代时统一使用这种历法，称之为夏历。作为阴阳历，夏历12个朔望月合计354天或355天，比太阳年约少11天，所以在19年里置7个闰月，有闰月的年份全年383天或384天。置闰的方法是两个冬至之间，如仅有11个整月则不置闰，若有12个整月即置闰。置闰的月从“冬至”开始，当出现第一个没有“中气”的月份，这个月就是闰月，名闰某月，这个“某”是它前一个月的名字。一般每过两年多就有一个没有中气的月，这正好和需要加闰月的年头相符，从而也保证了阳历和阴历的两全其美。

夏历又根据太阳在黄道上的位置，把一年分成二十四个节气，这是长期对天文、气象、物候进行观测探索和总结的结果，对农事耕作影响深远。早在春秋战国时期，中国就已经用圭表（在石座上平放着的有刻度的尺叫圭，南北两端立着的标杆叫表，根据日影的长短测定节气和一年时间的长短）来测量正午太阳影子的长短以确定冬至、夏至、春分、秋分四个节气，以后不断地改进和完善，秦汉年间二十四节气已完全确立，西汉刘安的《淮南子》就有完整的二十四节气。公元前 104 年，由邓平等制定的《太初历》，正式把二十四节气订入历法，历代沿用。传历法每个月有两个节气，在前的为节气，在后的为中气，如立春为正月节，雨水为正月中，后统称为节气。立春、立夏、立秋、立冬亦合称“四立”，“立”即开始的意思，分别表示四季的开始。夏至、冬至合称“二至”，表示天文上夏天、冬天的极致，“至”意为极、最。春分、秋分合称“二分”，表示昼夜长短相等，“分”即平分。

辛亥革命后，在一片排斥中国传统文化的声浪中，民国改用西历纪年，夏历为辅助历。为区分，称夏历为阴历、旧历。“文革”时期的 1968 年元旦，改夏历为农历，或以其与农业生产有关，但夏历作为历法绝不仅仅服务于农业，所以这种改称很有片面性。应用了几千年的历法被彻底更换，作为文化中国的一根血脉被强行斩断，眼前明显的是东西方两种节假日混乱不堪，孩子们从小习惯于过西方节日，“非其鬼而祭之”。不敢想象，中国的孩子精神上都吃别人的奶水，等他们长大成人之后的人文中国会是什么样？还是中国吗？

一年之计在于春

甲骨文“春”字左边是“艸”字的两半，中间是“日”，右边是“屯”字。小篆“春”从“艸”从“日”，“屯”声，乃寒气至春转温，草木蔓生竞长，故从“艸”从“日”；中间“屯”字，似草木破土而出的胚芽形，表示种子发芽生根。

在我国，春季是从二十四节气之首的立春开始的，立就是开始之意，表示从这天起大地开始解冻，万物复苏。“一年之计在于春”，春种秋收，没有春天的播种耕耘，哪有秋天的累累硕果？自周代起，立春日迎春就是先民的一项重要活动，历代帝王这一天都要举行鞭春之礼，意在鼓励农耕，重视生产。据文献载，周朝迎春仪式大致如下：立春前三日，天子开始斋戒，到了立春日，亲率三

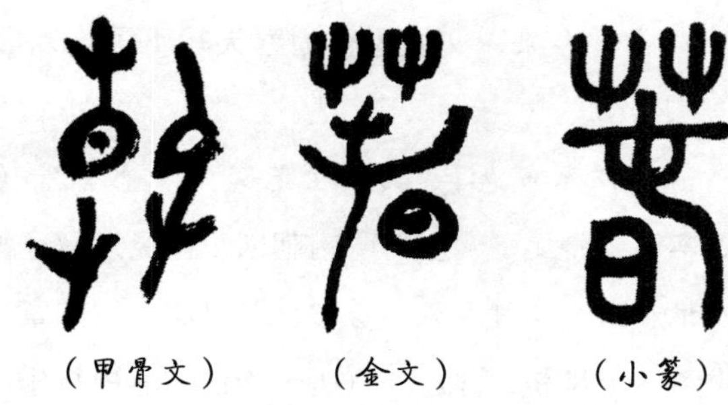

（甲骨文）　（金文）　（小篆）

公九卿诸侯大夫，到东方八里之郊迎春，祈求丰收。宋《梦粱录》载："立春日，宰臣以下，入朝称贺"，说明迎春活动已经从郊野进入宫廷，成为官吏之间的互拜。到了清代，迎春更演变为全民参与的重要民俗活动。《燕京岁时记》载："立春先一日，顺天府官员，在东直门外一里春场迎春。立春日，礼部呈进春山宝座，顺天府呈进春牛图，礼毕回署，引春牛而击之，曰打春。"民间立春日还有咬春即吃春饼、春盘、春卷之习俗。

由于立春为春天之始，以前一直都称为春节（正月初一曰新年、元旦），并作为节日来过，直到清亡后国民政府采用西方的阳历，夏历新年岁首在官方意义上才被易名"春节"，而"元旦"则被安置在西历 1 月 1 日头上。此后的立春日，仅作为二十四个节气之一存在。

大自然有春天，人何尝没有？青少年时代就是人生的春天。"一生之计在于青"，人生青少年时同样需要播下此生希望的种子，并辛勤耕耘，为自己的人生多做一些有益的储备，这样长大成人才能有所作为。

古往今来，文人墨客为春天写下了难以数计的诗歌，现辑录一二：

“阳春布德泽，万物生光辉。”（汉乐府《长歌行》）“池塘生春草，园柳变鸣禽。”（南朝宋·谢灵运《登池上楼》）“不知细叶谁裁出，二月春风似剪刀。”（唐·贺知章《咏柳》）“寒雪梅中尽，春风柳上归。”（唐·李白《宫中行乐词》）“最是一年春好处，绝胜烟柳满皇都。”（唐·韩愈《早春呈水部张十八员外》）“野火烧不尽，春风吹又生。”（唐·白居易《赋得古原草送别》）“寒随一夜去，春还五更来。”（唐·史青《应诏赋得除夜》）“南园桃李花落尽，春风寂寞摇空枝。”（唐·杨凌《句》）“春风贺喜无言语，排比花枝满杏园。”（唐·张椵《喜张沨及第》）“绿杨烟外晓寒轻，红杏枝头春意闹。”（北宋·宋祁《玉楼春》）“残雪暗随冰笋滴，新春偷向柳梢归。”（北宋·张耒《春日》）“小楼一夜听春雨，深巷明朝卖杏花。”（南宋·陆游《临安春雨初霁》）“春色满园关不住，一枝红杏出墙来。”（南宋·叶绍翁《游园不值》）“沾衣欲湿杏花雨，吹面不寒杨柳风。”（南宋·僧志南《绝句》）“等闲识得东风面，万紫千红总是春。”（南宋·朱熹《春日》）。

九九艳阳天

“九”是一个会意字，表示数目。甲骨文的“九”字，上部是手的象形，与甲骨文的“手”字相同，下部是食指弯曲如钩、其余四指卷曲的手形速写，与今日表示“九”的手语相似，区别是古人手臂向下。金文的“九”字基本结构未变，但为适应汉字方块形状有所变化。

在中国传统文化中，奇数为阳，偶数为阴，“九”为阳数中最大，乃“极数”，常表示多数、比喻尊贵，故天之高为“九重”，地之极为“九泉”。

由“九”而“五”，有人说五在阳数中居中，有调和之意，“九五”合在一起，既尊贵又调和，无比吉祥，故只有帝王才是九五之尊。其实，“九五”一说源于《周易》。易卦以“九”标示阳爻（爻为卦的符号，“—”为阳爻，“--”为阴爻），以“六”标示阴爻（这

里的九、六均不表示数目），以“初、二、三、四、五、上”标示从下至上各爻的顺序（初、三、五为阳位，二、四、上为阴位；二、五为下卦与上卦的中位）。《周易》六十四卦的首卦为乾卦。乾卦由六条阳爻组成，象征天，喻为乾卦龙（即有德才的君子），是极阳、极盛之相，表明兴盛强健。乾卦从下向上数，第五爻称为九五，是乾卦中最好的爻。《周易》：“九五：飞龙在天，利见大人”（龙飞腾在空中，喻指君子大有所为，事业如日中天），“九五”有着至高无上的象征意义，非帝王莫属，所以皇宫内常见“九五”的实用例证，如天安门、午门、乾清宫等主要门阙、殿堂都是面阔九开间，进深五开间，这也完全符合建筑美学原则。

夏历九月初九，日月并阳，故称重阳。因“九九”与“久久”同音，包含有生命长久、健康长寿的寓意。重阳节这天，民间有登高、赏菊、吃重阳糕、饮菊花酒等习俗。1989 年，我国把夏历九月初九定为老人节，以倡导全社会树立尊老、敬老、爱老、助老的风气，赋予了古老的节日新的内涵。

我国夏历有“数九九”的习俗（南北朝时即流行）。数九是从冬至日算起，每九天一“九”，第一个九天叫“一九”，第二个九天叫“二九”，依此类推，一直到“九九”八十一天，俗称“数九寒天”。民间《九九歌》曰：“一九二九不出手；大雪年年有，不在三九在四九；五九六九，河边看柳；七九河开，八九雁来；九九加一九，耕牛遍地走。”“九九”是一年中从较冷到最冷又回暖的时间，“九九”过后就暖和了，故谚云“九九艳阳天”、“九尽桃花开，农活一齐来”。

九九消寒图是以前的一项冬季民俗，也是一份简单的气象记录，有文字、圆圈、梅花三种图式。梅花版消寒图是在白纸上绘制九枝寒梅，每枝九朵，一枝对应一九，一朵对应一天，“九九”之内每天根据天气实况用特定的颜色填充一朵梅花，九枝染完也就九尽春深。文字版消寒图是选九个九画的字(如庭前垂柳珍重待春风)，用双钩空心字体画到一张纸上，“九九”之内每天根据当天的天气选用不同的颜色填实一画。九尽之后，一幅色彩斑斓的九九消寒图就呈现在眼前，颇为赏心悦目。

社会原是狂欢节

甲骨文“社”字与“土”字相同，是个象形字，为地面上立的土堆。后引申有社神之义，加意符“示（神主的象形）”作“社”。立社不仅要封土为坛，还要种树，称为“社树”，成林后谓之“社林”，故金文“土”上有“木”，小篆省去。

人类因土地以安身，赖其所出以立命，自古人们对土地就有着极其深厚的情感，爱之深切必然神化之，土地很早就是人们的祭祀对象。《说文》曰：“社，地主也”，“地主”即土地神。从天子到诸侯，凡是有土地者都可以立社，甚至乡民也可以立社祭祀土地神，现在北京的地坛公园，就是明清两代皇帝祭祀土地神的所在，也是我国现存的最大的祭地之坛。

祭祀土地神的日子，就是“社日”。周代以立春、立秋后的甲日为社日，战国后五行之说兴起，因五行之土对应于戊，社日改为立春后第五个戊日，约在春分前后。汉代以后又规定立秋后第五个戊日为秋社，约在秋分前后。以后多有变化，到宋代才固定下来，以立春、立秋后的第五个戊日为春社日和秋社日。春、秋二社祀神的功能有所分别，即春祈秋报：春社是祈求土地神保佑农业丰收，秋社则以收获报答感谢神明。

“民以食为天”，土和谷都是人们生存须臾离开不了的。稷即谷子，是一种粮食作物。古代以稷为百谷之长，后被奉祀为谷神。汉代大学者班固说：“人非土不立，非谷不食。土地广博，不可遍敬也；五谷众多，不可一一而祭也。故封土立社示有土尊；稷，五谷之长，故封稷而祭之也。”故社日所祭之神，一为社，二为稷。

为求得国家五谷丰登、天下太平，古时候，每年春秋两次社日皇帝都要亲自祭社神和稷神，这就有了所谓的社稷。社稷后来成了国家的代称。明清两代的社稷坛就坐落在今日北京的中山公园内。

帝王建坛奉祀，礼仪繁褥，庄重肃穆，但民间祭祀则是另一番景象。社日这一天，乡邻们在土地庙集会，睦邻欢聚，充满了生活气息，可谓是古人的狂欢节。祭祀土地神时除上香跪拜，同时还有各种欢庆活动，于是就有了“社”的副产品，诸如社酒、社肉、社饭、社雨等等，更有“社火”、“社戏”等热闹场面，祭神娱已热闹非凡。有诗为证：“鹅湖山下稻粱肥，豚栅鸡埘半掩扉。桑柘影斜春社散，家家扶得醉人归”（唐王驾《社日》）。宋辛弃疾在词中亦说：“……可堪回首，佛狸祠下，一片神鸦社鼓”，社鼓就是社日祭祀时娱乐土地神的鼓声。

社日的热闹聚会在魏晋时就很盛行，唐裴孝源《贞观公私画史》就载有晋人史道硕画《田家社会图》。有趣的是，今日“社会”一词，本义就是“社日的热闹集会”，后被泛指各种集会，进而引申为人与人之间的关系。由专称到泛指，可以看出古代社日影响之大。

祖圣先贤～祭如在

“祭”是个会意字。甲骨文的“祭”字，左边是一块鲜肉，右边是一只手，几个小点表示肉块上粘连的血滴，整体字型像人手持肉块献祭给祖宗神灵。金文的“祭”字省却了表示血滴的小点，但增加了表示供桌或祖宗牌位的“示”字。

《论语》云：“祭如在，祭神如神在”，意思是恭敬诚心地祭祖，感念先祖的教诲，就如先祖依然还在世，和自己生活在一起；恭敬诚心地祭神，也觉得神灵就在那里。曾子进一步说：“慎终追远，民德归厚矣”，意为谨慎地对待父母的去世，追念久远的祖先，民风自然就淳朴了。

表面上看，祭祀和民风道德风马牛不相及，其实不然。祭祀

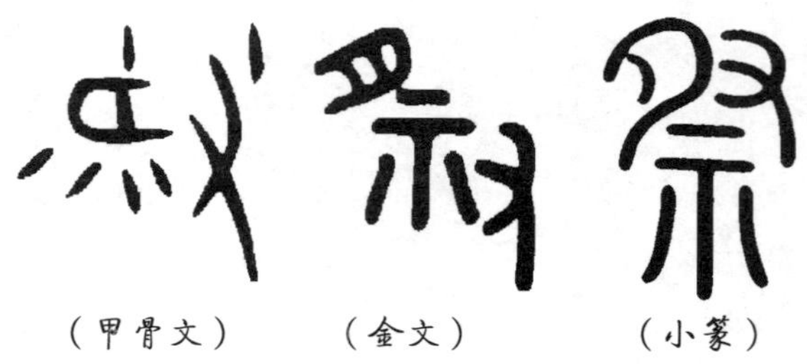

（甲骨文）（金文）（小篆）

除了表达对先祖的追思外，更重要的是通过诚心祭祀达到遵循先祖教诲、弘扬先祖美德的目的。所以，祭先祖是为了事活人，是生者心灵的洗礼，不仅是寄托哀思、表达对先祖的追忆、感怀、敬慕，更是警示后人不能数典忘祖，强调的是对先祖的文化和道德遗产应当秉承的态度和责任：我是谁，我从哪里来，最终要到哪里去？自己的言行是否有悖于祖辈的教诲？对后世子孙有何影响？显然，祭祀沉淀的是一以贯之的道德和文化。如果每个人都抱持这样的态度，社会风气自然就淳厚了，和谐社会也就有希望了。

近年来对中华民族人文先祖如黄帝、炎帝的公祭，以及不少地方对当地先贤的祭拜，其文化意义都体现在这里。只有恭谨地祭祀先祖，才能维持其文化生命的延续，不断发挥其有益的社会功能。如果长期不去祭祀、纪念，人们就会逐渐淡忘直至完全遗忘。到那时，古圣先贤所代表、所凝聚的中华民族宝贵的精神遗产也就因之丧失，损失将无法弥补。

清明本是二十四节气之一，《岁时百问》云：“万物生长此时，皆清洁而明净，故谓之清明。”后来加了寒食禁火及扫墓的习俗才形成清明节。扫墓祭祖是我国古代相沿已久的习俗，只是并未限定在清明之际。汉代魏时上坟之礼虽得到重视，但并未成为正式礼仪。唐玄宗开元二十年（732年），唐明皇与时俱进地诏告天下：“寒食上墓，《礼经》无文，近世相传，浸以成俗。士庶有不合庙享，何以用展孝思？宜许上墓……编入礼典，永为常式。”自此，清明扫墓得以确认，流传至今（寒食节在清明前一天或几天，说法不一。寒食节的源头，一说是为远古时期人类的火崇拜，另一说是纪念春秋时晋国名臣义士介子推。但在岁时节日的演变过程中扫墓习俗慢慢融入到了清明，唐以后寒食与清明逐渐合而为一，寒食禁火习俗消失）。时至今日，在很多人看来，清明祭祖的意义甚至超过了春节，众多外乡游子也纷纷返乡扫墓，故有“清明大似年”之说，亦说“只领儿孙挂钱（扫墓时插在坟头的钱幡），不领儿孙拜年”。

令人欣慰的是，清明节已列入中国非物质文化遗产名录，成了国家的法定节日。时至清明，我们不妨诚心正意地祭祀先祖，以文明的方式，奉上一瓣心香，献上我们的追思、感恩、诚敬之心，以缅怀先人教诲，传承好先祖的遗德，努力工作，以求更好的人生。

夏满芒夏暑相连

“夏”是会意字，其古文字形体比较复杂，从金文看，其上为头，中为躯干，两侧为手，下为足，像一个挺胸叉腰、四肢健壮的人形，故“夏”字的本义是“高大威武之人”，《说文解字》云：“夏，中国之人也。从夊、从页、从臼。臼，两手；夊，两足也。”上古时代，中原人在经济、文化各方面比周边部落先进，所以很自信，自称“夏”以示自己的伟大，“华夏”即来源于此。唐孔颖达注《尚书》说：“夏训大也，中国有文章光华礼仪之大。”由此又引申为指物之壮大者，夏季之“夏”即指此义。

有趣的是，根据“夏”字的古文字字形，也有学者认为“夏”字像炎热天张大躯体四肢以避暑的人，所以其本义是表示暑天，由

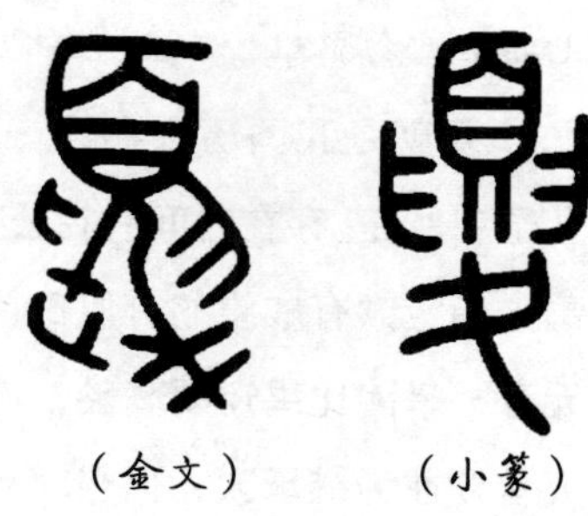

（金文）（小篆）

此还导出“夏”的引申义“大”，梁代崔灵恩《三礼义宗》：“夏，大也。至此之时，物已长大，故以为名。”作为中国古代汉民族自称的“华夏”源头即在此。

两种推断都有其合理的成分，谁对谁错，还是交给文字学家继续研究，这里先说说二十四节气之立夏。我国的夏季是从立夏开始的，立夏即表示春季结束、夏天开始。立夏前后，春播的作物已经直立长大，大部分地区正是“百般红紫斗芳菲”的大好时光，又是农忙季节，农谚有“立夏前后，种瓜点豆”、“立夏三朝遍地锄”之语。史载先秦时，立夏日帝王要率文武百官迎夏于南郊，举行庄严隆重的祭神农氏、祝融（二者分别是传说中农业发明者和火神）的仪式。为表达五谷丰登的祈望，君臣一律身着朱色礼服，佩戴朱色玉饰，乘坐赤色车马祭祀。立夏日，很多地方有称体重的习俗，据说这一天称了体重之后，就不怕炎炎夏日，不会消瘦。讲究的司秤人还一面打秤花，一面讲着吉利话。若秤的是老人，就说：“秤花八十七，活到九十一”；姑娘则说：“一百零五斤，员外人家找上门”；遇到小孩则说：“秤花一打二十三，小官人长大会出山。

七品县官匆犯难，三公九卿也好攀”。

夏朝是我国历史上第一个朝代，相传为夏后氏部落首领禹的儿子启所建，存在时间约在公元前21世纪～前16世纪左右。据传说，禹先指定颇有威望的有偃氏首领皋陶为继承人，但不知是有心还是无意，皋陶比禹还要高龄，没等到禅让，皋陶就先死了。禹又命东夷首领益为继承人，但当时有很多部落不拥护益，反而拥护禹的儿子启。禹死后，益并没有得到权位，启得到了权位（另一说益即位后，启杀益而夺之），并建立了夏朝，历史上称为“禹传子，家天下”。夏立国前后约四百年，传十三代、十六王，末帝夏桀暴虐无道，为商汤所灭。夏代的文明已达到了比较高的程度，考古发现在夏代已有谷、稻、麦、菽、瓜等多种农产品。夏代的历法，是我国最早的历法，当时已能依据北斗星旋转斗柄所指的方位来确定月份。直到今天，中国人还在使用夏历（当然历代多有修改完善）。

龙舟竞发话端午

“龙（龍）”字的甲骨文、金文像长身巨口的龙之形，篆书的“龙（龍）”字过于规整且装饰味浓厚，但仍可看出龙的轮廓。

龙究竟是何方灵圣？据传说，龙是一种体长、有鳞角须爪、可兴云作雨的神异动物，春分登天，秋分潜渊，能隐能显，呼风唤雨。现代学者较为一致的看法是：龙是多种动物的综合体，是华夏民族图腾崇拜的标志物。传说中的人类始祖伏羲、女娲皆龙身人首（亦说蛇身人首）。华夏民族的人文始祖炎黄二帝，传说中也和龙有着密切的关系，因而中国人自称为“龙的传人”。

对炎黄子孙而言，龙成了一种意蕴深远的文化符号、一种血肉相连的情感寄托——龙文化已渗透进中国社会的方方面面。自古

以来龙就是四灵（指龙、凤、麒麟、龟四种吉祥动物。四灵亦指天上四方星宿所组成的图像，即东方青龙、西方白虎、南方朱雀和北方玄武，又称四象。古人将太阳和月亮经过的天区中的恒星分为二十八个星座，称为二十八宿，又将其分东西南北四区并想像成四种动物）之首，是皇权的象征，帝王都自命为真龙天子，使用器物也以龙饰为多。民间也普遍尊龙，各地都流传着许多龙的传说。直到今天，仍喜欢以龙命名，习惯用带龙字的成语典故形容生活中的美好事物。

说到这里，不能不说说“龙”的英文译名“dragon”。在西方文化中，dragon 虽也是传说中的神异怪兽，但它是“多头、嘴里喷火、吃人的妖怪”，是邪恶的象征（《圣经》中多有描绘）——龙与 dragon 的文化象征意义一善一恶、一正一邪。最初的译者也许是找不到和中国龙对应的西语，才译成 dragon，这就像给圣人与罪人取相同的名字，同名异物，毫无关联。但这种误译导致神圣瑞祥的中国龙在西方被严重妖魔化，甚至产生了“中国人怎么崇尚邪恶”的错觉，负面影响不小。近年来，有学者提议把龙改译改为 loong（龙的汉语拼音 long 英文是“长度”，且汉语发音像“狼”，不妥），值得探讨。

端午节赛龙舟是中国民间传统水上娱乐项目，已流传两千多年。童谣曰：“五月五，是端午，门插艾，香满堂，吃粽子，洒白糖，龙船下水喜洋洋。”赛龙舟时你追我赶，劈波斩浪奋勇争先，岸边旌旗猎猎，锣鼓喧天，观者如云，呐喊助威，场面极为壮观。

何以端午节赛龙舟？这与端午节的来历有关。端午节的由来，说法甚多，诸如龙图腾祭祀说，起于三代夏至节说，纪念屈原说等等。但千百年来，屈原的爱国精神和感人楚辞深入人心，人们“惜而哀之，世论其辞，以相传焉”，故纪念屈原说占据了主流地位，吃粽子、赛龙舟都与屈子自沉汨罗江联系在一起。

夏历以地支纪月，正月建寅，二月为卯，顺次至五月为午，因此五月又称午月。“午”与“五”同音，五月初五就叫端午（端即开端、初始之意）、端五、重五等。“五”为阳数，故端午节又称端阳节。端午节前后，是大热天的开端，往往是疫情的高发期，所以这天人们饮雄黄酒祛病防灾，小孩佩戴香囊预防某些传染病。很多地方还有“端午插艾”的习俗。艾又名艾蒿，含有挥发性芳香油，可驱蚊蝇虫蚁，净化空气。端午节可以说是全民的卫生防疫节日。

小暑不算热，大暑是伏天

“暑”字从日，者声（“者”的甲骨文像火烧木、火星四溅之形，与热有关），本义即指炎热，后引申为炎热的季节。《易·系辞上》：“日月运行，一寒一暑。”夏历二十四节气的夏至之后，便是小暑、大暑以及立秋之后的处暑，都与暑热相关，分别何解？

夏至以后，虽然白天渐短，黑夜渐长，但是一天当中，白天还是比夜晚长，地面吸收的热量比散发的多，所以近地面的温度仍

（小篆）

一天比一天高，到“三伏”期间达到鼎盛。《月令七十二候集解》：“六月节……暑，热也，就热之中分为大小，月初为小，月中为大，”小暑在初伏前后，指天气开始炎热，但只是小热，还没到最热；大暑正值中伏前后，是我国大部分地区一年中最为炎热的时期，故民间曰“小暑不算热，大暑是伏天”，亦有“小暑接大暑，热得无处躲”、“小暑大暑，上蒸下煮”的说法。“禾到大暑日夜黄”，对我国种植双季稻的地区来说，大暑前后正是顶烈日战高温抢收早稻、抢种晚稻的“双抢”季节。“大暑不割禾，一天少一箩”，适时收获早稻，不仅可减少后期风雨造成的危害，确保丰产丰收，而且可使双晚适时栽插，争取足够的生长期。

关于处暑，《月令七十二候集解》曰：“七月中，处，止也，暑气至此而止矣。”处暑表示炎热即将过去，我国大部分地区气温已逐渐下降，中午热，早晚凉，昼夜温差显著增大。

小暑节气期间正好赶上入伏，从小暑至立秋这段时间，称为“伏夏”，即“三伏天”，是全年气温最高的时候，所以说“冷在三九，热在三伏”。

“伏”是一个会意字，由“人”、“犬”组合而成。犬在家畜中与人的关系最为密切，人所在的地方，犬总伏处其旁，所以“伏”字的本义即是趴下，后又引申为隐藏、藏匿之意。古人认为，炎热的夏季，阴气受阳气所迫藏伏在地下，故有伏天之说（一说夏天人为了避暑，总躲藏在家中，故称伏天）。

秦汉时盛行五行相生相克学说，认为夏日属火，而干支纪日法中的庚日属金，金怕火烧熔（火克金），所以到庚日，金必伏藏，于是规定“夏至三庚数头伏”，从夏至后的第三个庚日起为初伏（10天），从夏至后的第四个庚日起为中伏（夏至与立秋如今已淡出都市人的视野之间如有四个庚日，中伏为 10 天，若是五个庚日则为 20 天），立秋后的第一个庚日起为末伏（也称终伏，10 天），总称三伏。

“夏九九”是以夏至日为起点，每九天为一九，与“冬九九”相映成趣。冬九九有歌谣，夏九九也有歌谣：

夏至入头九，羽扇握在手；二九一十八，脱冠着罗纱；三九二十七，出门汗欲滴；四九三十六，卷席露天宿；五九四十五，炎秋似老虎；六九五十四，乘凉进庙祠；七九六十三，床头摸被单；八九七十二，子夜寻棉被；九九八十一，开柜拿棉衣。

一阵秋风一阵凉

“秋”的甲骨文像蟋蟀，虫以鸣秋，借以表达秋天的概念。另一写法是蟋蟀形下加“火”字，表示秋天禾谷熟，似火灼，籀文又添加“禾”旁。

“秋”的本义是成熟的庄稼，《说文》云：“秋，禾谷熟也。”引申为收成、收获，再引申为四季之秋季，意为收获的季节。

在我国大部分地区，秋季从立秋开始，到立冬结束。立秋之后，随着日照的减少，气温逐渐下降，夏季的炎热快速减退，故谚云“一阵秋风一阵凉”。秋天凉爽宜人，碧空如洗，晴朗明净，人们常用秋高气爽来赞美秋天。另一方面，春华秋实，秋天的大地一片金黄，硕果累累，是万物成熟、喜庆丰收的季节，苏轼诗中“一年好景君

（甲骨文） （甲骨文） （说文籀文） （小篆）

须记，最是橙黄橘绿时”，赞颂的就是秋天。有趣的是，以前我国北方的农作物每年只耕作一次，秋后农作物收割后才有经济收入，这一年中欠下的费用也就可以在算清了，“秋后算账”因此而来。

在中国传统的阴阳五行理论中，金居西方，主秋气，故秋季属金，所以秋天又称“金秋”；又因为“金主杀”，表肃杀之意，故《周礼》设天、地、春、夏、秋、冬六官，秋官即掌刑狱（也因此，古代行刑多在秋季，后以秋官为刑部的通称）。由此联系到“多事之秋”。“多事之秋”与古代多在秋天兴兵有关。古时，执政者特别是春秋时期的各诸侯国君主，多讲究在秋天发动军事行动，在不违农时、不伤民力的前提下获取军事利益。后用“多事之秋”泛指事故或事变很多的时期。

秋天，水温随气温而逐渐寒冷，水里的微生物、植物渐少，加上罕有洪水，因而秋水非常清澈、漾动，让人心旷神怡，因此古人常用“秋水”、“秋波”比喻女子的眼睛、眼神。王实甫《西厢记》：“望穿他盈盈秋水，蹙损他淡淡春山。”眼睛都望穿了，可见对远方亲友的殷殷期盼有多深！“望穿秋水”即出于此。

“梧桐一叶而天下知秋”，从一片梧桐树叶的凋落，就知道秋天即将到来，比喻以小见大、见微知著，通过观察个别细微的迹象就可以看到整个形势的发展趋向。古人为什么单单说梧桐树而不说其他的树呢？梧桐叶大枝青，挺拔端庄，绿阴深浓，自古就是国人喜爱的庭院树种，是祥瑞的象征，有“栽下梧桐树，自有凤凰来”之说，但梧桐喜温暖气候、喜光，不耐寒，一到秋天就早早地落叶，故有此说。而到了深秋，非单梧桐，大部分树木都黄叶随风舞，已是“秋风扫落叶”了。

正是从这个意义上说，秋季既是万物成熟、收获的季节，也是秋风萧瑟、草木凋零的季节，人也容易患病，因而极易引起感伤、忧愁的情怀，“愁”字不正是“心”上之“秋”吗？所以“自古逢秋悲寂寥”，文人墨客往往把秋天描绘得萧瑟、悲凉，随便举几个例子。“多情自古伤离别，更那堪、冷落清秋节！”（柳永《雨霖铃》）“何处合成愁？离人心上秋。”（吴文英《唐多令》）而被喻为秋思之祖、马致远的《天净沙》更是其中的绝唱：“枯藤老树昏鸦，小桥流水人家，古道西风瘦马。夕阳西下，断肠人在天涯。”词人借描写旅途中秋天傍晚的景物，烘托出一个萧瑟苍凉的意境，寥寥数语，道出了天涯游子无尽的悲凉酸楚。

七夕人间情意浓

“夕”是个象形字，古文字字形像半个月亮，表示月亮初照的傍晚时分，后泛指夜晚。“夕”和“月”原本是一个字，都像半月之形，金文才有别：“月”中有一点（或一横）而“夕”中无，概因傍晚之“夕”比夜晚之“月”少一些光亮。

自古以来，有两个“夕”与中国人的情感紧密相关：一个是最热闹的除夕（详见《有钱没钱回家过年》一文），另一个是最浪漫的七夕。

七夕是夏历七月七日夜晚，节日来源于四大民间传说之一的牛郎织女。传说织女是王母娘娘的孙女，心灵手巧，在天上织云彩；牛郎在天上看天牛。两人都很勤勉，情投意合，可天规不允男欢女爱，

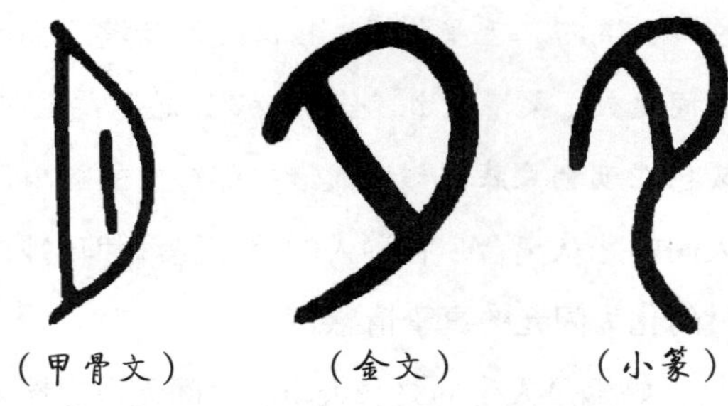

王母便将牵牛贬下凡尘（一同被贬的还有说了几句公道话的金牛星，后生为陪伴人间牛郎的老牛）。话说牵牛落生在一个穷人家中，取名牛郎。牛郎父母早亡，又常受到哥嫂的虐待，与一头老牛相依为命。有一天，老牛突然开口说话："织女要和别的仙女到河里洗澡，到时拿出织女的衣服，等她找衣服的时候再还给她，并要求和她结婚，她一定答应。"牛郎照老牛说的做了，还衣服时织女定睛一看，才知道眼前人便是意中人，遂以身相许。婚后育一儿一女，幸福美满。后来王母娘娘知道了此事，愤怒押解织女回天庭。牛郎上天无路，万分悲愤。这时，老牛触断牛角，变成一只小船，让牛郎挑着儿女登牛角船腾云去追。眼看要追上了，这时王母娘娘驾到，拔下金簪在织女身后划出一条波浪滚滚的天河。牛郎过不去，只好与织女隔河遥望，一家人的哭声揪心裂胆。王母娘娘见此情景，也心头一软，同意让牛郎和孩子留在天上，每年七月七日相会一次。相传，每逢七月初七，人间的喜鹊就要飞上天去，在银河为牛郎织女搭鹊桥相会。

宋代词人秦观的《鹊桥仙》吟咏的正是牛郎织女的爱情故事：

“纤云弄巧，飞星传恨，银汉迢迢暗渡。金风玉露一相逢，便胜却人间无数。柔情似水，佳期如梦，忍顾鹊桥归路。两情若是久长时，又岂在朝朝暮暮。”词人借牛郎织女的故事，以超人间的方式表现人间的悲欢离合。在词人的精心提炼和巧妙构思下，古老的神话题材幻化为闪光的真挚情感。

婚姻是人生的终身大事，世间无数有情男女都会在这个晚上，夜深人静之时，对着星空祈祷自己姻缘美满。同时，织女是一个美丽聪明、心灵手巧的仙女，凡间女孩子便在这个充满浪漫气息的晚上向她乞求智慧和巧艺，所以七月初七也被称为乞巧节。因为七夕节与女事关系密切，所以又叫“女儿节”。

百年修得同船渡，千年修得共枕眠。相敬如宾结连理，琴瑟和合好夫妻。夫妻是心正而无邪念并遵守一定道德规范的男女结合；夫妻是一不是二，分则相对独立，合则互补互助、协和圆满；夫妻是一对如影随形、情深意笃的终身伴侣，彼此相托、温暖着的两个人一生牵手相依，结发恩爱两不移，无论富贵、贫贱，无论风和日丽、风霜雨雪，因为这爱中有恩、有义、有情。《诗经·邶风·击鼓》曰：“死生契阔，与子成说；执子之手，与子偕老。”——无论聚散与死活，我与你已经发誓约定，今生今世心手相牵，和你一起白头到老。两情缱绻，海誓山盟。从此，“执子之手”成了生死不渝的爱情的代名词。千百年来，斗转星移，沧海桑田，多少语汇老去，这个词却依然焕发着让人怦然心动的生命力。

人鬼情不了

人的生命是非常奇妙神秘的现象，尤其是关于死亡，人类至今也没有明了多少：死亡是什么样的生命体验？人死是不是如灯灭？在先民眼里，人不光有肉体还有灵魂，人死之后灵魂离开肉体，这个游离的灵魂就是所谓的鬼。这个世界究竟有没有鬼？由于死亡的无法体验性，至今无解（也许永远无解）。现在不妨看看先民是如何造“鬼”的。

甲骨文“鬼”字有几种写法，或像人头上戴着一个大面具，或像头上戴着大面具的人在祈祷。小篆在右侧下方加了“私”的古字“厶”，表示鬼的阴私特重。《说文解字》曰：“人所归为鬼，从人。”与鬼高度相关的是“死”字，“死”是个会意字，从甲骨文到小篆，变化不大，一边像表示死人枯骨的“歹”（本作歺，音饿，后隶变为歹），一边是拜于“歹”旁的活人，表示活人悼念死

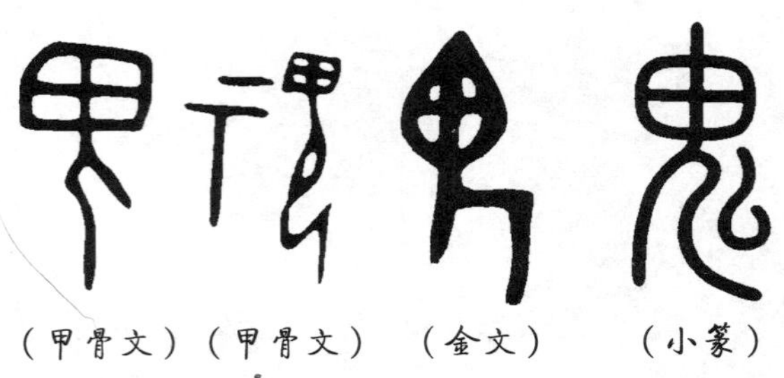

人，由此传递出“死亡”的信息，本义是“生命终止”，《列子·天瑞》：“死者，人之终也。”

现代人崇尚科学，不妨以科学为视角探讨物质与意识的关系问题。人是有意识（或曰思想、精神等）的，但意识与物质的关系人类至今所知了了，有关问题也是一箩筐，比如意识能不能独立于人体之外？如果能它以什么样的方式存在？存在于世界的什么地方？能存在多长时间？能否被感知？会不会以某种形式转化、转化成什么……这些问题很大程度上都与鬼的有无紧紧联系在一起。有人说随着科学的发展，谜团终将解开。其实，科学不是万能的，有它不可逾越的局限性：科学的研究手段和研究对象都是物质的，而鬼属于纯精神的灵魂类的存在（如果鬼确实存在的话），不属于物质；科学讲究实证性的重复，而对一个生命体而言，死亡是“一次性”的——死亡无法体验，生与死无法沟通。所以，鬼与死亡超出了科学的范畴，是科学不能承受之重。

在中国思想史上长期占据主要地位的儒家对鬼与死亡采取的是存而不论的态度，“子不语怪、力、乱、神”，“未能事人，焉能事鬼？”“未知生，焉知死？”强调人事的优先性，即人活着当以“尽人事”为第一，不必过分考虑鬼神之事，把活人的事情做好了，死人的事情也就明白了，故“敬鬼神而远之，可谓知矣。”

生与死都是生命的组成部分，人既有生，就注定有死，没有死就无所谓生，此所谓生生不息，长生不老、只生不死生命也就失去了存在的意义——宇宙的法则本来如此。因此，死无需忌讳，虽然那是个未知的世界，重要的是我们应该珍惜当下的生命，好好经营人生，用生命的光辉照亮自己和他人，让生活更有质量、生命更具价值。

夏历七月十五日为民间传统的中元节，又叫鬼节，俗称“七月半”。民间传说，从七月初起，阴间鬼门打开，放出孤魂野鬼到阳间来接受奉祭。为了免受鬼神的干扰伤害，人们便在七月十五日备祭品奉食于野外村头，并焚烧冥纸以赈济孤魂野鬼，祈求平安。善良的人们还认为，人间的上元节元宵节张灯结彩，中元节也应为鬼张灯庆祝节日。只是人鬼有别，人为阳鬼为阴，陆为阳水为阴，所以上元张灯在陆地，中元张灯在水中。是夜，无数河灯（因形如荷花又叫荷灯）放在缓缓流动的水中，星星点点，闪闪烁烁，给这个世界增添了无尽的遐思与神秘。

月到中秋分外明

“月”是个象形字，其甲骨文像弯月之形，之所以如此，是因为月亮以亏缺为常，且与古文字“日”相区别（“日”的甲骨文是圆日之形，中间的一点一般认为是表示太阳黑子）。古人认为，日属阳之精，月属阴之精，故称日为太阳，称月为太阴。古人又根据月亮盈亏圆缺的周期变化，用“月”计时，一年有十二个月。国人习惯使用的阴历即由此而来。顺便说一句，月与肉、舟都是象形字，古文字尤其是小篆字形很接近，作为偏旁部首，月、肉后来都写作“月”，“舟”部少数字也写作“月”（如服、朕、腾）。

月亮盈亏圆缺而出现的各种形状叫月相。夏历每月初一看不到月亮，这种月相叫朔，也叫新月；初七之后凸面向西的月亮被称

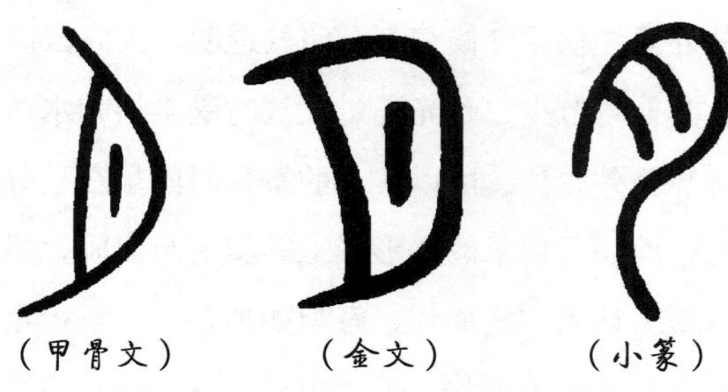

为上弦月；到了夏历十五日（有时是十六日或十七日），月亮像一轮明亮的圆盘，这种月相叫望（常称夏历十五日为望日，十六日为既望）；满月过后，月亮的明亮面逐渐变小，到了夏历二十二、二十三，凸面向东的月相被称为下弦月。

在悠远的历史长河中，祭祀伴随着先人春夏秋冬四季的流转，并逐渐形成了各种岁时节日，目的是感念上天的恩赐，表达对天地神灵和祖先的敬意。据史书记载，早在周朝，帝王就有春分祭日、夏至祭地、秋分祭月、冬至祭天的习俗，祭祀的场所称为日坛、地坛、月坛、天坛，分设在东南西北四个方向。《礼记》载："天子春朝日，秋夕月。朝日之朝，夕月之夕。"意思是说，天子在春分祭日，在秋分祭月，祭日在早晨，祭月在夜晚。北京的月坛就是明清两代皇帝祭月的场所。祭月在秋分日亥时（21点～23点，古称人定）举行，主祭月神，配祭二十八星宿、木火土金水五星及周天星辰。每逢丑、辰、未、戌年，皇帝亲自赴月坛行祭祀礼，其他年份"朝日则遣文臣，夕月则遣武官"代行。

因为夏历八月十五日居于秋季的正中，故称中秋。月到中秋分外明，秋季气候清爽，空气透明，天高云淡，大气中水汽和尘埃较其他季节少，月光通过大气时受尘埃和水汽折射少，夜空如洗，月亮分外皎洁。所以官方的祭月时间虽在秋分，然秋分不一定有圆月，而民间要求的是形式上的契合与热闹，祭月无月当然有煞风景（帝王认为“祭如在，祭神如神在”，祭祀重要的是诚心正意，有无圆月并不重要），加上中秋不冷不热，适宜户外活动，于是民间逐渐约定俗成，将祭月时间固定在八月十五日。后来祭月又慢慢让位于赏月，严肃的祭祀变成了轻松的娱乐。

月圆时少，月缺时多，人们对月圆的期待自然就多了几分，并由月圆联想到家人的团圆。所以古往今来，人们常用“月圆月缺”来形容“悲欢离合”，客居他乡的游子，更是以月来寄托深情，因此，又称八月十五为团圆节。很多地方回娘家探亲的女儿这一天必须回婆家团圆，“宁留女一秋，不许过中秋。”是夜，“天上一轮才捧出，人间万姓仰头看”，当圆月的清辉洒满大地，人们露天设案，将月饼、石榴、枣子等供于桌案上，拜月后，全家人围桌而坐，品月饼、吃瓜果、赏明月，并以丰富的想象，编造了诸如吴刚伐桂、嫦娥奔月、玉兔捣药等神话故事，天上人间共享团圆。

冬天来了，春天还会远吗

“冬”是个会意字，甲骨文像一根绳子两端各打了一个结，表示终结之意，引申为时序终了，指一年四季之末的冬季。小篆增加了“仌”（冰的甲骨文，水凝结而突起的形状），以示冬季的寒冷（隶书简化变成了两点）。“冬”假借表示冬季之后，又在原字形上加“糸（纟）”成“终”表示终结。

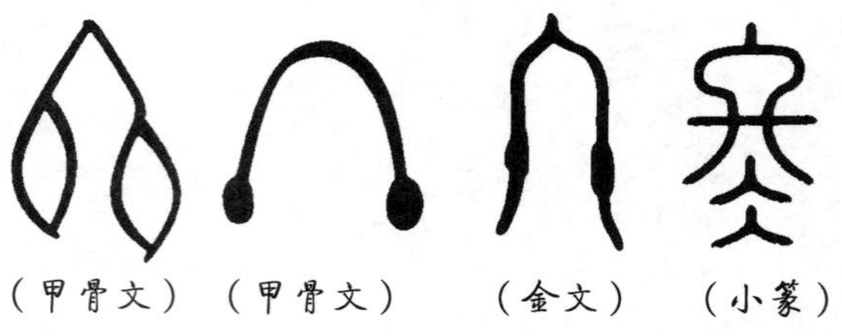
（甲骨文）（甲骨文）　（金文）　（小篆）

立冬是二十四节气之一，《月令七十二候集解》说：“立，建始也”；“冬，终也，万物收藏也。”立冬不仅仅代表着冬天的开始，还表示万物收藏、规避寒冷的意思。我国的冬季习惯上即指立冬到立春的三个月时间，也指夏历十月、十一月、十二月。

冬季就是冰雪与寒冷，这从“雪、寒”的古文字就可看出。“雪”的甲骨文上面是“雨”，下边像飘飘的雪花，小篆的“雪”其下变成了“慧”（古意常表示扫帚），概因雪是可扫之水。金文“寒”字外围是表示房屋的“宀”；中间是“人”；人的四周是“艸（草）”；下面的“仌”表示“冰”，合起来表示外面冰天雪地、人在室内以草避寒，寓指天气很冷。

冷究竟能冷到什么程度？科学的答案是 −273.15℃，即绝对零度，这是自然界中可能的最低温度，是物质系统可能有的最低能态（专业术语称之为基态）。但绝对零度无法达到，只能无限逼近，因为任何空间必然存有能量和热量，也不断进行交换而不消失。

冬至是一年中白昼最短的一天，自冬至开始进入数九寒天。冬至日照时间虽然最短，但并不是一年中最冷的时候，因为这时地面获得的太阳热量仍比地面辐射散失的热量少，所以在短期内气温仍继续下降。冬至时节，很多地方有吃南瓜饼的习俗，可以预防咳嗽。有些地方，这一天晚餐吃面条，表示过了冬至，白昼一天比一天长，故有民谚“吃了冬至面，一天长一线”（古时小姐多在绣楼绣花，冬至过后白天渐长，每天要多绣一条丝线的时间）。冬至也是民间传统的祭祖扫墓之日，有的地方称为“做冬至”。为了不让逝去的亲人在“底下”受冻，常在坟头添加新土，“冬至加土如加被”。

冬月是夏历十一月的别称，十冬腊月指的就是夏历十月、十一月、十二月的寒冬时节。有趣的是，不光十一月，夏历每个月份都有其别称，这里作个简单罗列。一月：正月、孟春、孟月、端月、元春、寅月；二月：如月、杏月、仲春、早春、卯月；三月：桃月、季春、三春、阳春、暮春、辰月；四月：余月、清和月、孟夏、初夏、巳月；五月：榴月、仲夏、午月；六月：荷月、伏月、季夏、未月；七月：巧月、孟秋、初秋、申月；八月：桂月、仲秋、中秋月、酉月；九月：菊月、季秋、戌月；十月：阳月、小阳春、孟冬、亥月；十一月：冬月、仲冬、子月；十二月：腊月、嘉平月、季冬、丑月。

“*不冷不热，五谷不结*”，冬天就应该冷，但近几十年来全球出现了令人担忧的暖冬趋势。科学家说，自工业革命以来，人类向大气中排入的二氧化碳等吸热性强的温室气体逐年增加，大气的温室效应随之增强，引起全球气候变暖，由此引发了极地冰川融化、海平面上升、气候变迁、疾病流行等一系列困扰人类的大问题。但如何减少温室气体的排放，目前未见有效办法，前景很不乐观。看来，自以为智慧的人类真的要好好省思自己的发展模式了！

过了腊八就是年

“小孩小孩你别馋，过了腊八就是年。腊八粥喝几天，哩哩啦啦二十三。二十三糖瓜粘，二十四扫房日，二十五炸豆腐，二十六煮白肉，二十七杀年鸡，二十八把面发，二十九蒸馒头，三十晚上闹一宿，大年初一扭一扭。”这是一首流传很广的童谣，天趣童真里流露出到了腊月孩童们对过年的无限期盼。夏历十二月为什么又叫腊月？腊八为什么要喝腊八粥？这还要从“腊”字正本清源。

“腊（臘）”是个形声字，从肉，巤（音烈）声，本义是年终祭祀，引申为祭祀名即腊祭。

早在三代（即夏商周）之时，不论官宦之家还是平民百姓，年底都要举行岁终之祭，以感谢先祖和神灵一年来的护佑，以期在

（小篆）

新的一年里能过得更好，故规模之隆重为一年之最，这次祭祀活动的名称历代不一。汉应劭《风俗通义》曰：“夏曰嘉平，殷曰清祀，周用大蜡，汉改为腊。腊者，猎也，言田猎取禽兽，以祭祀其先祖也。”或曰：“腊者，接也，新故交接，故大祭以报功也。”不论是打猎以禽兽祭祖，还是新旧之交祀神灵，都是祭祀活动。夏及汉后各朝，腊祭皆举行于十二月，故世称十二月为腊月，祭祀之日便是腊日。但腊日并不固定，汉代才明确以冬至后第三个戌日为腊日，只是祭祀先祖、诸神。南北朝时，梁的开国之君梁武帝笃信佛教，佛教认为释迦牟尼在腊月初八这一天悟道成佛，腊八自然成了佛祖成道纪念日，于是把腊日定在十二月初八，一并祭祖、祭神、供佛。有趣的是，腊八还是民间传统的黄道吉日，俗称老日子，有“若要发，不离八”之说，以前男婚女嫁多择此日，“腊八日子好，大姑娘变大嫂”。

腊八是佛教的盛大节日，以前各地佛寺作浴佛会，举行诵经，并效仿释迦牟尼成道前牧女献乳糜的传说，用香谷、果实等煮粥供佛，称腊八粥，并将腊八粥赠送给门徒及善男信女，以后在民间相沿成俗，逐渐取代了旧时的腊日。腊八粥的原材料各有不同，多用糯米、红豆、大枣、栗子、花生、白果、莲子、百合等煮成甜粥，也有加入桂圆、蜜饯等同煮。寒冬腊月，吃一碗热气腾腾的腊八粥，既可口又有营养，确实是一种享受。

在民间，腊八正式拉开了春节的序幕，从这天起，人们开始置办年货，迎接一年一度的新春佳节。在这个前奏曲里有着丰富的内容，从喝腊八粥开始，然后祭灶、扫房、炸年糕、宰猪羊、写春联等等，直到腊月的最后一夜除夕。如腊月二十三，民间称小年（有的地方是腊月二十四），是民间祭灶（或曰送灶）的日子。旧时民家的锅台墙壁上有“九天东厨司命灶君神位”，两旁有联“上天奏好事，下界保平安”，或“上天言好事，回宫降吉祥”等。送灶一般是在黄昏举行，恭恭敬敬地送灶王爷上天汇报一家人一年来的善恶行径，以求得到玉皇大帝的嘉赏或宽恕，并保佑来年四季平安。祭灶供品除鸡、鱼、肉与酒饭外，还要另加一道糖稀即灶糖，说是要用糖稀粘住灶神的嘴，上天后少说坏话，多说甜美之言。到除夕夜，还要举行同样的仪式，再把灶王爷接回家。再如，“腊月二十四，掸尘扫房子”，“有钱无钱，打扫干净好过年”：因“尘”与“陈”谐音，此日扫尘有除陈布新的涵义，用意是把一切穷运、晦气统统扫出门，寄托着人们破旧立新的愿望和辞旧迎新的祈求。

有钱没钱，回家过年

“百节年为首”，春节俗称过年，是中国最大、最被看重的传统节日。“爆竹声中一岁除，春风送暖入屠苏。千门万户曈曈日，总把新桃换旧符。”北宋王安石的这首《元日》，真实地记录了自古以来中国人除旧岁迎新年的热闹景况。年，究竟是个什么样的节日？这里就从“年”字追根溯源。

“年”是个会意字，甲骨文上面是“禾”，下面是“人”，像是背着沉甸甸的禾谷。金文与甲骨文相似，小篆将“人”字讹变

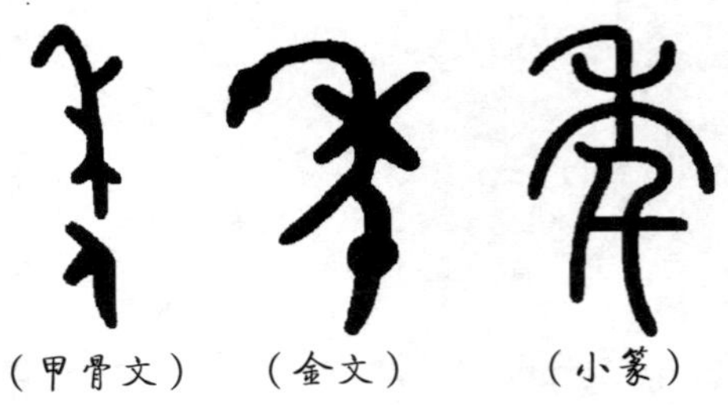
（甲骨文）　（金文）　（小篆）

为“千”，《说文解字》曰：“年，谷熟也。从禾，从千声。”本义是谷物成熟，并由此引申为收成、谷物一熟的时间、岁数等等。上古先民在秋收冬藏享受丰收喜悦之时，想到的是感谢神灵的保佑、祖先的庇荫，于是祭祀神灵祖先，祈求来年再获丰收（北京天坛祈年殿亦指此意），久而久之形成了一年一度的节日。显然，年是个庆祝丰收、感谢神灵和先祖的节日。

自古以来，新年的名称很多，如元日、元旦、正朝、元朔等。“春节”最早见于东汉，但历代的春节指的是立春而不是正月初一。春节的普遍使用是在辛亥革命后。1912年1月2日，临时大总统孙中山通电全国：“中华民国改用阳历，以黄帝纪元四千六百九年十一月十三日（1912年1月1日）为中华民国元年元旦”。1913年7月，国民政府内务部向袁世凯呈上一份报告：“拟请定阴历元旦为春节，端午为夏节，中秋为秋节，冬至为冬节，”袁世凯只批准正月初一为春节，1914年起实行。由此，传统夏历新年岁首正式易名春节，“元旦”给了西历1月1日。后来，民国政府一度将传统节日全部搬到新的历法系统中，禁止过夏历节令，但民间并不理会，仍沿用夏历，依然过自己的新年，时有对联讥讽：“男女平权，公说公有理，婆说婆有理；阴阳合历，你过你的年，我过我的年”。

“有钱没钱，回家过年；父子见面，夫妻团圆”，围绕着春节，有很多含情脉脉的东西让人间充盈着温情与暖意。

除夕是夏历一年当中最后一个夜晚（亦指全年的最后一天），即春节前一天晚上，又称大年三十，与第二天的春节首尾相连，故曰“一夜连双岁，五更分两年”。除即去，引申为“易”（交替），除夕的意思就是月穷岁尽，人们除旧布新，含有“旧岁到此而除，明日另换新岁”的意思。除夕夜，人们往往通宵不眠，是为守岁。苏轼《守岁》诗云：“儿童强不睡，相守夜欢哗”，以迎禧接福、迎接新年的到来。除夕这一天，家里家外要打扫得干干净净，贴门神、贴春联、贴年画、挂灯笼，燃放爆竹。当日午后，一家人一起幸福地忙里忙外，你买酒、我洗菜；大人忙忙碌碌，小孩蹦蹦跳跳，老人尽享儿孙绕膝的天伦之乐。此时，家家户户传出的砧板声，大街小巷传出的爆竹声，再夹杂着处处的欢笑声，此起彼伏，洋洋盈耳，交织成过年欢快的乐章。

等到丰盛的饭菜准备齐当，放了鞭炮，祭拜完祖先，一家人团团而坐吃年夜饭，过年的真意尽在其中。亲情是年夜饭最醇厚的一道大菜，没有亲情，再丰盛的饭菜也只是饭菜，可因为亲情成为年夜饭的精灵之后，这顿饭有了无比的意义，年夜饭因此成为过年最隆重的仪式。这时候，亲情得到最清晰、具体的体现，一切都是亲情的发酵。那团圆祥和、阖家欢乐的氛围，那温暖和睦、其乐融融的感觉，那“年味”，是我们每个人心中最美好的记忆之一。家，在这个时候是那样的温暖、温馨、温情——因为亲情，我们要回家过年；因为过年，我们的亲情得以浓郁绵延。这也就不难理解无数游子顶着寒风、踏着大雪往家里赶的执着与真诚，无论相隔多远，无论工作有多忙，人们总希望回到自己家中，吃一顿团团圆圆的年夜饭，享受亲情的滋润，感受亲情的温暖——过年是亲情的盛宴，亲情才是过年的主角与灵魂，一切欢乐、祥和都是围绕着亲情铺展开来。

正月十五闹元宵

正月十五是中国传统的元宵节。古人称夜为“宵”，而正月十五日又是一年中第一个月圆之夜，所以称正月十五为元宵节。在一元复始、大地回春的节日夜晚，天上明月高悬，地上彩灯万盏，人们观灯、猜谜、吃元宵，合家团聚，其乐融融。追根溯源，“元”者何意？

“元”的古文字形像侧立的人形，从儿从二（一说从一从兀，“兀”指削去头发的人，“一”强调人的头部），“儿”是古文字“人”的异体字，“二”是古文字“上”，两相会意指“头”，后引申为开始、第一、居于首位的、基本的等义，如新年第一天为元旦，考试第一名为状元，国家最高领导人为元首，罪大恶极的首犯为元凶，构成事物的基本要素为元素。又如，事物发展的本源为“元来”，

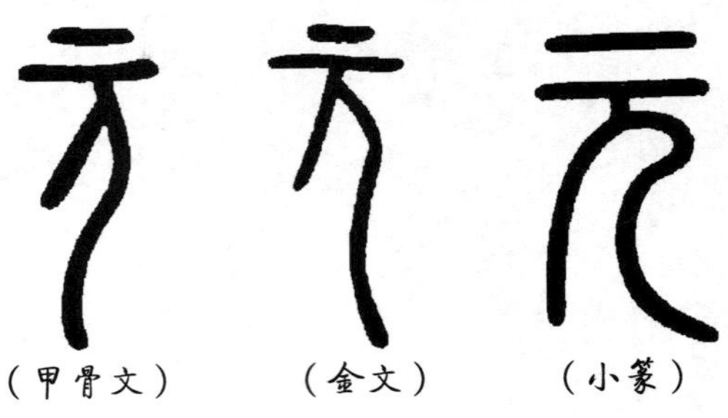

因明人忌讳“元人再来”，故改“元”为“原”，是为“原来”。

元宵节早在2000多年前的西汉就有了，不过真正作为民俗节日是在汉魏之后。道教曾把一年中的正月十五称为上元节，七月十五为中元节，十月十五为下元节，合称“三元”。元宵节也称灯节，元宵燃灯的风俗起自汉朝，到了唐代，赏灯活动更加兴盛，皇宫里、街道上处处挂灯，还要建立高大的灯轮、灯楼和灯树，唐朝大诗人卢照邻曾在《十五夜观灯》中这样描述元宵节燃灯的盛况：“接汉疑星落，依楼似月悬。”宋代更重视元宵节，赏灯活动进行五天，灯的样式也更丰富。明代自初八点灯，一直到正月十七的夜里才落灯，整整十天。清代赏灯活动虽然只有三天，但赏灯活动规模很大，又增加了舞龙、舞狮、跑旱船、踩高跷、扭秧歌等“百戏”内容，还放烟花助兴，热闹非凡。

古往今来，元宵节留下了很多情趣盎然的传说，至今人们还津津乐道北宋王安石“双喜临门”的故事。据说有一年，风华正茂的王安石赴京赶考，元宵节路过某地，边走边赏灯，见一大户人家高悬走马灯，灯下悬一上联征对招亲，联曰：“走马灯，灯走马，灯熄马停步。”王安石一时对答不出，便默记心中。到了京城，主考官以随风飘动的飞虎旗出对：“飞虎旗，旗飞虎，旗卷虎藏身。”王安石喜上眉梢，当即以路上招亲联应对，被取为进士。归乡路过那户人家，闻知仍无人应对，便以主考官的出联回对，被招为快婿。一副巧合对联，竟成就了王安石两大喜事，今日喜庆时常用的“囍”即由此而来。

民间过元宵节有吃元宵的习俗。元宵作为食品在我国也由来已久，起初叫“浮圆子”，后称元宵，南方称汤圆（取团圆之意），生意人还美其名曰“元宝”，以白糖、玫瑰、芝麻、豆沙、黄桂、核桃仁、果仁、枣泥等为馅，用糯米粉包成圆形，含团圆美满之意，寄托了对未来生活的美好愿望。传说辛亥革命后，袁世凯听到卖元宵的拉长了嗓子高声叫卖：“元——宵——”，袁觉得“元宵”谐音“袁消”，于是在1913年元宵节前下令改元宵为汤圆或粉果。只是不久，袁真的“消”了，而元宵照样流传。

以前元宵节是重要的民俗大节，体现了中国民众特有的狂欢精神，但如今元宵节所承载的节俗功能多被消解，逐渐失去了共同的精神兴趣，丰富多彩、热闹非凡的节俗几乎只剩下吃元宵的食俗了。

这里顺便说说“正月”。上古时期过年在哪个月的第一天并不固定。汉以前每换一个朝代，帝王居了正位，为了表示受命于天，也为了革故鼎新，12个月的次序往往跟着他们“正”过来，更改后的第一个月叫做“正（音政）月”，“正”就是改正的意思。夏朝是以一月为第一个月，商朝把十二月作第一个月，周朝又把十一月当作每年的第一个月，秦始皇再把第一个月挪到了十月。因为秦始皇姓嬴名政，为避讳，将“正（音政）月”读作“正（音征）月”，一直沿用。汉武帝时，有感于屡次改历造成历法很不准确，于是颁布《太初历》，恢复以夏历一月为岁首，并把二十四节气订入历法，流传至今。

节日，时间的文化刻度

节日是时间的文化刻度，也是民族文化的驿站，是一个民族区别于其他民族的重要标志，其彰显的传统仪节、风雅精致与高度审美的民族标记背后是高度的文化认同。为何叫节日？节日究竟是什么样的日子？这要从“节”字谈起。

“节（節）”是个形声字，从竹，即声，本义是竹节，泛指草木枝干间坚实结节的部分，后泛指事物的分段或两段之间连接的部分，如关节、章节、节日；古人认为竹节对竹子有约束作用，由

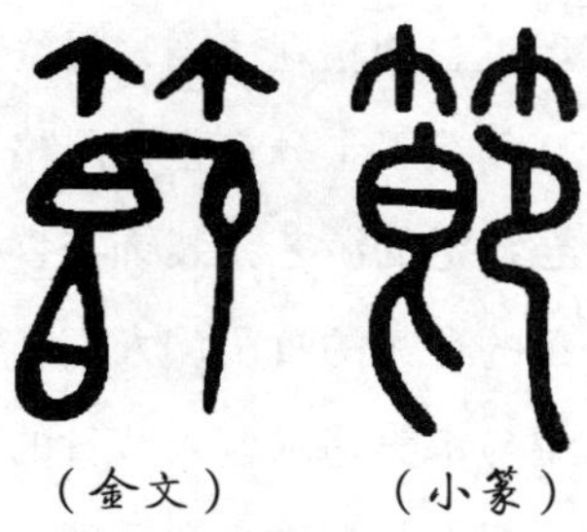

（金文）　　（小篆）

此产生了对事物的“约束”含义，故再引申为节约、节操、礼节等。

我国传统节日主要有春节、元宵、清明、端午、七夕、中秋、重阳等七大节。追根溯源，很多节俗是从远古传承下来，大部分节日在先秦时期就已存在。汉代是我国统一后的第一个大发展时期，政治经济稳定，思想文化有了很大发展，这些对节日的最后形成与传播提供了良好的社会条件，故传统节日大都在汉代定型。节日发展到唐代，经济与文化的再度全面繁荣，让节日中的禁忌神秘慢慢淡化，娱乐礼仪逐渐增多，成为真正的良辰佳日。从此，节日更加欢快喜庆，相应地，内容也更加丰富多彩，许多娱乐形式出现其中，并很快成为一种时尚流行开来，经久不衰，后历经宋元明清的推动、强化，传统节日的文化内涵一再丰富，成为中华民族世间理想与生活愿望的极致表现。

那么，人们为什么要过节日呢？在漫长的农耕时代，人与自然、生产与生活的关系十分密切，人们或为了感恩于大自然的恩赐，或为了感念先祖的庇佑，或为了庆祝辛苦劳作换来的收获，或为了加强人际亲情，或为了因应节气的变动，或因为原始的图腾崇拜等等，经过长期相互认同，最终约定俗成，把一年中某一天确定为节日，并创造了十分完整、严格的节俗，如仪式、庆典、规制、禁忌，乃至特定的游艺、装饰与食品，把节日这天演化成一个独具内涵与情氛的迷人的日子。人们在每一个节日里，还把共同的生活理想、愿望与审美追求融入节日的种种仪式中，并由此演化出许多美丽动人的习俗。这种愿望是理想主义的，所以节日习俗是理想的；愿望是情感化的，所以节日习俗也是富于情感的；愿望是美好的，所以节日习俗同样是美的，如用烟花爆竹惊骇邪恶、迎接新年；把天上的明月化为手中甜甜的月饼，象征人间的团圆；在严寒刚刚消退、万物复苏的早春，到野外扫墓祭奠，告慰亡灵，表达心中的缅怀，同时戴花插柳，踏青春游，拥抱大地山川……这些习俗，使一代代人的心灵获得了太多美好的安慰与宁静，让人间充盈着温情与暖意。

一个民族的很多文化传统，往往是靠代代相传的一年一度的节日传承下来的。如果我们不曾知道这些习俗，不妨在过节时去重温一下传统，用心去体验传统的情感与魅力，感悟先人对美好生活的不懈追求，对大自然、先祖的敬畏与感恩，对家庭团圆与世间和谐永恒的企望。至少，节日让我们的生活更有亮色，更有情趣。另一方面，如同竹子生长一段时间就要打个节一样，节日也是人类总结过去、提升未来的时机，以使自己的人生有个更新的人文起点，这也是节日之为节日的又一项深意。

附 录

有关汉字的若干关键词

一、仓颉造字

汉字的起源有种种传说，最为著名的是黄帝史官仓颉造字。《说文解字·序》载："仓颉之初作书，盖依类象形，故谓之文；其后形声相益，即谓之字。"《吕氏春秋·君守篇》亦载："奚仲作车，仓颉作书，后稷作稼，皋陶作刑，昆吾作陶，夏鲧作城，此六人者，所作当矣。"

传说仓颉生有"双瞳四目"，仰观天象，俯察万物，首创了"鸟迹书"震惊尘寰。黄帝感他功绩过人，乃赐以"倉（仓）"姓，意为"君上一人、人下一君"，但仓颉认为自己只是一介草民，就在"仓"上加了一个草字头，于是就有了"仓"与"苍"两种写法。仓颉造字是惊天地泣鬼神的创举，"昔者仓颉作书而天雨粟，夜鬼哭"（《淮南子·本经》），功德感天，玉皇大帝也赐给人间一场谷子雨，以慰劳圣功，这就是现在的"谷雨"节气。

当然，很难想像成系统的汉字是一人一手之功，当是先民长期累积发展的结果。仓颉如果确有其人，应该是汉字整理的集大成者，是在汉字发展历程中具有特别重大贡献的人物。《荀子·解蔽》称："好书者众矣，而仓颉独传者壹也"。

现在通用的汉字约五千个，《康熙字典》收单字 47035 个，

2010年4月出版的第二版《汉语大字典》收单字60370个。因异体字（字音字义相同而字形不同的一组字）太多，汉字的确切数量很难统计。

二、汉字演化

（一）甲骨文

甲骨文是商周时代刻在龟甲兽骨上的文字。甲骨文最初出土于河南安阳小屯村的殷墟，清光绪二十五年（1899年）才被学者发现，为盘庚迁殷到纣亡273年间的遗物。1928年后作了多次发掘，目前，殷墟共出土甲骨15万片，单字约4500个，其中约有1700个单字已被释读。甲骨文已经有了大批的形声字；但多数字的笔画和部位还没有定型。整体而言，甲骨文较为成熟，在此之前，应有一个发生、发展到渐趋成熟的漫长过程，有人推至夏末，也有人推至夏以前，直至仓颉造字。

（二）金文

金文旧称钟鼎文，即铸或刻在商周青铜器上的铭文。商代金文字体和甲骨文相近，西周金文字体整齐，战国末字体逐渐和小篆接近。

（三）小篆

篆本是小篆、大篆的合称，因为习惯上把籀文（春秋战国间通行於秦国，字体与小篆相近，但字形多重叠）称为大篆，故后人常把篆文专指小篆。小篆又称秦篆，是由大篆省略改变而来的一种字体，产生于战国后期的秦国，通行于秦代和西汉前期。战国时代，各国文字没有统一，字体相当复杂，于是秦始皇便以秦国的文字篆体，施行“书同文”来统一天下的文字，废除六国文字中和秦国文字不同的形体，并将秦国固有的篆文形体进行省略删改、规范成一种新的字体——小篆。小篆更趋简化，字体圆匀齐整，改变了原先那种弯弯曲曲的笔划线条，便于书写。

（四）隶书

隶书亦称汉隶，由篆书简化演变而成，把篆书圆转的笔画变成方折，略微宽扁，横画长而直画短，呈长方形状，讲究“蚕头雁尾”、“一波三折”；在结构上，把象形笔画化，以便书写。隶书起源于秦朝，普遍使用于汉魏。晋·卫恒《四体书势》：“秦既用篆，奏事繁多，篆字难成，即令隶人（官府中办理文书的小吏）佐书，曰隶字。”程邈将当时这种书写体加以搜集整理，后世遂有程邈创隶书的传说。后在使用中不断加工发展，成为笔势、结构与小篆完全不同的两种字体，奠定了楷书的基础，标志着汉字演进史上的一大转折点。

（五）楷书

又称正楷、楷体、正书或真书，为纠正草书的漫无标准和减省汉隶的波而形成，形体方正，笔画平直，可作楷模，故名。始于汉末，成熟于魏晋南北朝，至今通行。

三、汉字六书

六书指汉字的六种构造条例，即象形、指事、会意、形声、转注、假借，其中前四者主要是“造字法”，后两者是“用字法”。六书是后人分析汉字所作的条理化归纳整理，而非造字法则，并不是先有六书才造汉字。

东汉学者许慎在《说文解字》中记曰：“周礼八岁入小学，

保氏教国子，先以六书。一曰指事：指事者，视而可识，察而可见，‘上’、‘下’是也。二曰象形：象形者，画成其物，随体诘诎，‘日’、‘月’是也。三曰形声：形声者，以事为名，取譬相成，‘江’、‘河’是也。四曰会意：会意者，比类合谊，以见指撝，‘武’、‘信’是也。五曰转注：转注者，建类一首，同意相受，‘考’、‘老’是也。六曰假借：假借者，本无其字，依声托事，‘令’、‘长’是也。” 许慎的解说，是历史上首次对六书定义的正式记载。

（一）象形

象形是用文字的线条或笔画，把要表达物体的外形特征勾画出来，即描摹实物的形状。例如“月”字像一弯明月，“龟”字像一只龟的侧面。象形字是一种最原始的造字方法。它的局限性很大，因为有些事物是画不出来的。

（二）指事

指事由点画等象征性的符号构成，可分两类：一类是纯指事字，全部用指事性的符号来表示，如一、二、三等。另一类是在象形字的某一部位加上点画性符号，以表明造字的意图所在。如“刃”是在刀口处加一点，指明刀刃。“本”是在“木”字下方加上一短画，指明是树木的下端，“末”与此相反，指明是树木的上端。“凶”字则是在陷阱处加上交叉符号；“上”、“下”二字则是在主体“一”的上方或下方画上标示符号。

（三）会意

会意是由两个或多个独体字组成，字的整体的意义由所组成部分的意义合成。例如人言为“信”；“解”是用“刀”把“牛”和“角”分开来；“鸣”指鸟的叫声，用“口”和“鸟”组成。

（四）形声

形声字由形旁（又称“义符”）和声旁（又称“音符”）两部分组成。形旁是指示字的意思或类属，声旁则表示字的相同或相近发音。例如“篮”字形旁是“竹”，表示它是竹制物品，声旁是“监”，表示它的韵母与“监”字一样（古音及部分方言）；“齿”字的下方是形旁，画出了牙齿的形状，上方的“止”是声旁，表示两字韵母相同。形声字在汉字中数量最多，占百分之八十以上。

（五）转注

转注是意义上相同或相近的字彼此相互解释。不同地区因为发音不同，以及地域上的隔阂，对同样的事物会有不同的称呼。当这两个字是用来表达相同的东西、词义一样时，它们会有相同的部首或部件。例如“考”、“老”二字，本义都是长者；“颠”、“顶”二字，本义都是头顶；“窍”、“空”二字，本义都是孔。

（六）假借

假借就是同音替代，即借用已有的文字来表示同音而不同意的词。例如借用表示鼻子的“自”作自己的“自”；借用表示小麦的“来”作来往的“来”；借用表示毛皮的“求”作请求的“求”。

四、王懿荣·金石学

王懿荣（1845~1900 年），山东福山（今烟台市福山区）人，晚清翰林，曾三任国子监祭酒，近代金石学家、甲骨文的发现者。据传光绪二十五年（1899 年）王因患疾，派人到药店抓药。他略通医术，每味药材都亲自查看。一次偶然发现一味称作“龙骨”的药材上刻有特别的符号。经仔细研究，金石功底深厚的王懿荣确定

"龙骨"是殷商时期的占卜用骨，"龙骨"上刻画的是比籀文更为古老的文字。此后，王懿荣开始批量收购甲骨，至第二年春共得到1500多块，并使甲内为世人所知。但没想到此时八国联军入侵北京，王监危受命任京师顺天团练大臣，负责保卫京城，败北后王不愿为亡国奴，投井殉国。王懿荣身故以后，所藏甲骨为刘鹗（小说《老残游记》作者）收购，后刘鹗将其中部分甲骨选刻出版《铁云藏龟》一书，明确提出甲骨文字为"殷人刀笔文字"。从此，一门新的学科——甲骨学迅速兴起。民国十年（1921年），史学家陆懋德首次提出"甲骨文"一词，渐被学术界认可沿用。

金石学主要研究古代青铜器和石刻碑碣，特别是其上的文字铭刻及拓片，这里的"金"指的是有文字的铜器；"石"指的是有文字的石刻。金石学偏重于著录和考证文字资料，以证经补史。金石学在宋朝和清朝最为发达，宋朝石鼓文的出土和清末甲骨文的发现是金石学的重要里程碑。清末民初，金石学研究范围发展到包括新发现的甲骨和简牍，并扩及明器和各种杂器。

五、《说文解字》·许慎

（一）《说文解字》

《说文解字》简称《说文》，是我国第一部按部首编排的字典，也是世界上最早的字书之一，东汉许慎编著。《说文》共分540个部首，收字9353个，另有"重文"（即异体字）1163个。许慎总结了先前的"六书"理论，并以此解释字义、字形、字音，字体以小篆为主，保存了部分籀文，特别是对字义的解释保存了最古的含义。

关于《说文解字》的书名，许曰："仓颉之初作书，盖依类象形，故谓之文，其后形声相益，即谓之字。文者，物象之本；字者，言孳乳而浸多也。"仓颉创制文字时，大都依照各类事物的形象描画其形状，所以叫"文"（文即纹理、形纹，即象形符号），但仅有象形的"文"远不能满足思想交流的需要，于是又将"文"组合在一起孕育出了新的"字"，就像母产子、鸡下蛋一样，越来越多。清段玉裁说："析言之，独体为文，合体为字，统言之，则文字可互称。"《说文》历二十余年于汉安帝建光元年（121 年）完成。唐代科举规定要考《说文》。

（二）许慎

许慎（约 58 年～约 147 年），东汉经学家、文字学家，字叔重，汝南召陵（现河南漯河召陵区）人，博通经籍，史有"五经无双许叔重"之赞。

六、文言文·线装书

（一）文言文

人类发明文字的目的是记录传承，记录方式便是写成文章。文言文是用文言写成的文章，即上古的文言作品以及历代模仿它的作品。文言是指以先秦口语为基础而形成的上古汉语书面语言（泛而言之，甲骨文就是文言体例），相对于"口头语言"而言，口头语言也叫白话。具体而言，第一个"文"是书面文章的意思，"言"是写、表述、记载等的意思，最后一个"文"是作品、文章的意思。

文言文作为一种定型化的书面语言，精炼优美，言简意赅，沿用了几千年，"五四"新文化运动以前，所有的文章都用文言写成。

在中华数千年历史中，语言的口语变化非常大，可是文言文却保持相近的格式，能让不同语言使用者“笔谈”，是一种具有固定格式、但又不难理解的沟通方法。

“五四”以后白话文的风行，极大地增加了广义文化的受众，但却使传统中国文化的直接受众越来越少，因而，使得中国文化的传承遭受前所未有的威胁。正是基于完整、准确地传承中国文化的需要，文言文的复兴才成为历史的必要。

（二）线装书

我国古代的纸本书，经历了卷轴和册页两个阶段。汉唐只有这种卷轴形式的书。今天我们看到挂在墙上的轴画、书法，仍是卷轴装的遗风。晚唐以后，卷轴书向册页书过渡，其装订方法又有多种多样的演变，大体经历了经折装、旋风装、蝴蝶装、包背装，到了明代才正式出现了线装本的册页书。线装书是中国古籍最后、也是最通行的装帧形式。明清时，很多宋元古书重新装修时大半都改为线装。

线装，顾名思义是用线进行装订，是用线把书页连封面装订成册，订线露在外边的装订形式。线装书是我国所独有的一种装订形式，传递着古色古香、浓厚典雅的文化气息，在现代依然具有很强的艺术魅力，具有鲜明的中国特色。学者邓云乡在谈到线装书时说：“中国传统文化的根本，首先在于它的载体线装书，没有线装书，无处看线装书，不会看线装书，那就差不多失去了中国传统文化的根本。”

古籍的文字都是竖行书写，这首先与初期的书写材料有关。最早的书写材料甲骨呈狭长形，竖着在上面刻字比横着刻字显然要方便得多。纸张发明前，用毛笔在狭长的竹木简牍上书写，竹木简牍都是窄长的竹木片，用绳串起来可卷成册。“册”字就是简牍的象形字。而打开卷册自然是右手执端，左手展开方便。所以，书写也就是自上而下、从右往左了。其次，从汉字的特点和人的生理习惯来看，因为是右手写字，左手执册，一个字的笔顺自然是从上至下、自左而右的方便。如果从右往左写，写左半部时，毛笔势必挡住右半字形，不便于安排结构，影响结字的美观。而每个汉字的末笔都是在中下或右下，写完上一字的末笔紧接着写下一字的起笔，竖式书写比横式书写更方便，更便于笔势的连贯。再者，汉字书写的自上而下、自右而左，也反映了古人的尊卑思想。古代，上为君，为父母；下为臣，为子女。右为大，左为小。“无出其右”就是没有超过的意思。到了清朝末年，随着西方列强的入侵，知识界开始提倡汉字改革，提倡拼音文字，力主改变传统的竖行书写方式，改用从左到右的横写排列。此后随着“五四”新文化运动的兴起，汉字改用从左到右的横写排列。与此相应的还有标点符号。

七、标点符号·注音·偏旁部首

（一）标点符号

标点符号是书面上用于标明句读和语气的符号。历史上，中国古代文书没有标点符号，而是通过语感、语气助词、语法结构等断句，汉朝才有“句读”符号。语意完整的一小段为“句”；句中语意未完，语气可停顿的一段为“读”。宋朝使用“。”、“，”来表示句读。明代出现了人名号和地名号。这些算是我国最早的标点符号。因为没有标点符号，会给未加训练者造成阅读的困难，有时会出现歧义,造成对文章字句的误解甚至是截然相反的解读。“五四”新文化运动后，受西方文化影响，引进了西式标点符号。1919 年，国语统一筹备会在我国原有标点符号的基础上，参考各国通用的标点符号，规定了 12 种符号，由当时教育部颁布。此后，标点符号进一步规范。

（二）注音

汉魏之前的注音方法有“譬况”、“读若”等，皆为通过打比方表示读音的方法。汉初始有“直音”，即用同音字标音，如“肇”音“兆”。东汉时期佛教传入，古人在梵文拼音方法的启发和影响下，创造了反切法（约创于东汉后期，公元 2 世纪）。反者，覆也；切者，摩也。反切，即反覆切摩成音之义。具体说来，反切是用两个汉字相切，取上字之“声”，取下字之“韵”和“调”，拼出所注之字音。如，缓，胡管切（《广韵》）。

（三）偏旁与部首

绝大多数汉字是合体字，这些构成合体字的基本单位就是偏旁。如“明”字由“日”和“月”合成；“字”由“宀”和“子”合成，日、月、宀、子都是偏旁。在偏旁中，有的本身就是一个字，比如日、月、子等，有的偏旁是不成字的，比如“宀”，有的字作偏旁时字形有一些变化，比如“人”写成“亻”，“水”写成“氵”。部首是多为表意、起字形归类作用的偏旁，是给同一偏旁的汉字所立的类目，因是字书中各部的首字，故名。如妈、妹、妙、姑等字，具有共同偏旁“女”，“女”就是这部分字的部首。部首也是偏旁，但偏旁不一定是部首。有两种性质不同的部首：一种是文字学原则的部首，严格依照六书体系，只有同一意符的字才可隶属同一部首。

另一种是检字法原则的部首，按字形结构，取其相同部位作为查字依据，分部排列，其相同部位称部首。如甥、舅，《说文解字》根据六书体系，都归“男”部；《康熙字典》则依检字法原则，以“甥”入“生”部，“舅”入“臼”部。第一个采用部首作为汉字分类检字的是东汉许慎的《说文解字》，从此字书都用部首作为汉字的检字方式。

八、篆刻·测字

（一）篆刻

篆刻是与汉字密切结合的传统艺术，因字体一般采用篆书，先写后刻，故称篆刻。篆刻将书法、章法、刀法三者完美结合，一方印中，既有豪壮俊逸的书法笔意，又有优美悦目的绘画构图，并且更兼得刀法生动的雕刻神韵，让汉字在印面之内跌宕生姿，以一种有情、有韵的方式呈现出来，表现出种种意趣气势，“方寸之间，气象万千”。

篆刻印章起源甚早，汉代到达兴盛，史称汉印。明清两代，印人辈出。先秦及秦汉的印章多用作封发物件、简牍之用，把印盖于封泥之上，以防私拆，并作信验。而官印又作为权力的象征，如战国苏秦佩戴过六国相印。后简牍易为纸帛，封泥之用渐废，印章改用朱色钤盖；再后书画题识钤盖印章渐成风气，从而收藏印、斋馆印和闲文印盛行。在书画作品上加盖鲜红夺目的印章，与书画有机融为一体，使书画受烘托之妙，印章同时成为被欣赏的对象，称金石书画。

秦以前，官私印都称“玺”，秦一统六国后，皇帝的印称“玺”，臣民只称“印”。汉官印始有“章”或“印章”之称。唐至清“玺”、“宝”并用。历代印章别有印信、记、朱记、关防、图章等称呼。古代玺印的材料多为金属和玉石，据传元末画家王冕始用花乳石（青田石之类）刻印，因镌刻方便，石章遂盛行。

（二）测字

测定又叫拆字，是加减汉字笔画、拆合字体并附会人事进而推断吉凶祸福。史载南宋新安（今安徽黄山一带）人汪龙善于测字，门庭若市。郡守怕他蛊惑民众就想法办他。一日召汪龙到府衙，太守问：“我手中何物，如果说对了就放了你；反之，就用乱杖打死你。”汪龙请郡守指一物示之。这时堂下刚好有一名少妇要打官司，太守就指了指少妇，汪龙立刻答道：“是一只麻雀。”太守大为吃惊，问何以知之，汪龙说：“那妇人是一年少佳人，‘少’‘佳’为‘雀’，又披麻戴孝，以意解之，故知是麻雀。”郡守又问：“是活的还是死的？”心想你若说是死的，我手一张开麻雀就飞走了；你若说是活的，我稍稍一使劲麻雀就一命呜呼，反正让你猜不着好法办你。汪龙猜透了太守的心事，机敏地答道：“生死就在老爷您手中掌握着。”

九、文房四宝

文房四宝即笔墨纸砚。文房之名起于南北朝时期（420年～589年），专指文人书房；笔墨纸砚是书写汉字的工具、材料，书房必备，故被誉为文房四宝。宣纸、徽墨、湖笔、端砚为文房四宝之上品。

（一）宣纸

宣纸因产于宣州泾县（今属安徽）而得名，唐代就被列为贡品，为文房四宝之首，迄今已有1500多年的历史。宣纸主要采用皖南山区的青檀树皮和砂田稻草为原料，经过揉、蒸、浆、水捞、贴烘18道工序、100多项操作过程精制而成。宣纸质地纯白细密、纹理清晰、绵韧而坚、百折不损，有“轻似蝉翼白如雪，抖似细绸不闻声”之誉；光而不滑、吸水润墨、宜书宜画、防腐防蛀，尤以耐老化、拉力强及不变色而被称为纸中之王、千年寿纸，是书画艺术的珍贵载体。宣纸一般分为生宣、熟宣、半熟宣，生宣吸水性、沁水性强，易产生丰富的墨韵变化，以之行泼墨法、积墨法，能收水晕墨，达到水走墨流之艺术效果，写意山水多用之。生宣作画追求的便是这种多变的墨趣，落笔即定，水墨渗沁迅速，非熟练者不易掌握，也正是这种神奇的多变性，吸引了无数名人巨匠在追求墨韵、变化方面不懈探索。熟宣是加工时用明矾等涂过，故纸质较生宣为硬，吸水力弱，使用时墨和色不会洇散开来。熟宣宜工笔画，其缺点是久藏会出现“漏矾”或脆裂。

（二）徽墨

徽墨因产自古徽州府（今安徽黄山）而得名，五代时即名闻天下。徽墨是以松烟（主要是松脂特别丰富的黄山松）、桐油烟、漆烟、胶为主要原料制作而成的一种主要供传统书法绘画使用的特种颜料，色泽黑润、坚而有光、入纸不晕、馨香浓郁、造型美观、防腐防蛀，具有“拈来轻、磨来清、嗅来馨、坚如玉、研无声、一点如漆、万载存真”的品质。徽墨生产技艺复杂，经炼烟、制胶、和剂、做墨、晾墨、打磨、填字等工序，多道工序有其独特的绝技。徽墨品种繁多，有桐油烟墨、松烟墨、漆烟墨等几大类型，高级漆烟墨是用桐油烟、麝香、冰片、金箔、珍珠粉等十余种名贵材料制成，乃墨中极品。再则，徽墨由能工巧匠雕刻出名人书画，集绘画、书法、雕刻、造型等艺术于一体，是一种综合性的艺术珍品。

（三）湖笔

湖笔产地在浙江湖州南浔区善琏镇，又称“湖颖”，颖是指笔锋尖端一段整齐透亮的部分，笔工们称为“黑子”，这是湖笔最大的特点。“黑子”的深浅，体现锋颖的长短。湖笔选料讲究，工艺精细，品种繁多，粗的有碗口大，细的如绣花针，具有尖、齐、圆、健四大特点（即湖笔的“四德”），所以有“毛颖之技甲天下”之说。尖：指笔锋尖如锥状；齐：笔锋撮平后，齐如刀切；圆：笔头圆浑饱满；健：笔锋挺立，富有弹性。湖笔分羊毫、狼毫、兼毫、紫毫四大类；按大小规格，又可分为大楷、寸楷、中楷、小楷四种。这种笔蘸墨后，笔锋仍是尖形，把它铺开，内外之毛整齐而无短长。湖笔一般都是用上等山羊毛经过浸、拔、梳、连、合等近百道工序精制而成。这一带的山羊，每只平均只出三两笔料毛，有锋颖的也只有六钱。一支湖笔，笔头上的每一根具有锋颖的毛都是在无数粗细、长短、软硬、曲直、圆扁的羊毛中挑选出来，具有尖圆齐健、毫细出锋、毛纯耐用的优点。

（四）端砚

端砚历史悠久，雕刻精美。端砚石产于广东省肇庆市（肇庆古称端州）斧柯山和七星岩北面的北岭山一带，尤以老坑、麻子坑和坑仔岩三地之砚石为最佳。以石质坚实、细密、润滑、纯净、细腻、幼嫩而驰名。用端砚研墨，墨不滞，发墨快，研出之墨汁细滑，书写流畅不损毫，字迹颜色经久不变。好的端砚，无论是酷暑、严冬，用手按其砚心，砚心湛蓝墨绿，水气久久不干，有“哈气研墨”

之说。端砚所以名贵除了“呵气可研墨、发墨不损毫、冬天不结冰”的特色外，还与其开采、制作的艰辛有关。一方端砚闻世，要经过从探测、开凿、运输、选料、整璞、设计、雕刻、打磨、洗涤、配装等十多种艰辛而精细的工序。砚石开采很难机械化，历代采石工人都是按石脉走向，顺其自然向深层采掘，从接缝处下凿。采出来的砚石如能有三、四成可用，已属难得。坑道向下倾斜、曲折蜿蜒，进出要下蹲弯腰，有些地段仅能容一人匍匐爬行。

后　记

很早就听过“千人糕”的故事，普普通通的年糕是由米粉等蒸出来的，米粉是由米磨成的，米是农民种出来的，农民的工具又是由许多工匠做出来的，这些工匠的原料又是由更多的人做成的——普通的糕点何止“千人”所做——年糕如此，我们周遭的一切都如此，拙作《字言字语》就是这样一份“千人糕”，从当初创意到今日成书，要感谢的人太多。

首先要感谢我的儿子，自他出生开始，我就想着怎么教育他。缘于自己的喜爱，一开始就决定用中国传统文化影响、熏陶他，并由此开始了我的家庭系列文化工程建设。一天我看到《三字经讲记》这样拆解“孝”字：上面是“老”，下面是“子”，儿子背着老子，也就是子女要赡养老人；当老人把人生的智慧与经验传承给子女时，子女能顺父母意并承其业。类似的说文解字以前也曾见过，但这一次以父亲的身份看到时，还是被深深撞击了心扉。

汉字如此之美！我当即想何不在供职的中国国土资源报副刊开个专栏，挖掘老祖宗蕴藏在汉字中的人情物理，和读者一起感悟汉字。当我和副总编吴晔先生商讨这个问题时，吴先生只说了一句话：“你和我想到一块儿来了。”随即，我尝试着写了几篇，吴先生对文稿提出了修改建议，不久专栏就正式开张，我给专栏起名《字言字语》，前后坚持了约一年。期间，吴先生对每一篇文稿都认真修改，并书写所解读汉字的甲骨文、金文、小篆字体，使我受益良多，也使稿件增色不少，本书出版之际，感激之情自不待言。

书籍的顺利出版，得益于群言出版社的编辑团队，尤其是责任编辑张津津女士，虽年轻但很专业，和他们的合作，是个“痛苦而愉快”的过程。说“痛苦”，是他们的认真与专业，很多在我看来不是问题的问题，都被他们的火眼金睛看出来了，甚至有点“锱铢必较”，我只好遵命修改完善，稿件质量随之上了几个台阶；说“愉快”，是他们的敬业，我不认识群言出版社的任何人，也没有委托任何熟人引荐，当我冒昧地、抱着试试看的心态把部分书稿电了版投给他们时，没几天他们就答应出版，这种只认书稿的作风让人感佩。

电影人往往感叹电影是一门遗憾的艺术，其实，写作何尝不是，本书虽几经修改完善，但囿于作者本人的能力，无法概括汉字之美的全部，即便是在这些篇幅有限的解读文章中，不妥甚至错误之处依然难免，望读者指正，不胜感激，如有机会，把进一步完善留给将来的再版吧。